Nah dran... 7/8

Technik und Naturwissenschaft

Autoren:
Costa Bauer
Jens Gollon
Ulrich Roos
Dr. Patrik Vogt

Schroedel

Nah dran... 7/8

Technik und Naturwissenschaft

Mit Beiträgen von: Klaus Buck, Dieter Haas, Dieter Jauernig, Jürgen Steinbach, Albrecht Steinmann, Bernd Vorwerk.
Mit Beiträgen aus: Netzwerk Naturwissenschaften 5 Rheinland-Pfalz (3507_86528), Hans-Peter Konopka (Hg.), Reinhard Kastner; Spektrum Physik SI Rheinland-Pfalz (3507_86720), bearbeitet von Thomas Appel, Jürgen Bissel, Frank Eiselt, Frank Küchenberg, Prof. Dr. Hansjoachim Lechner, Prof. Dr. Michael Müller, Rainer Serret, Reinhard Stumpf, Petra Ullrich, Thea Wolf, Dr. Peter Dauscher, Lars-Patrick May; Erlebnis Physik (3507_76953), hrsg. von Dieter Cieplik.

Druck A[8] / Jahr 2024
Alle Drucke der Serie A sind im Unterricht parallel verwendbar.

Redaktion: Sylvia Bock
Herstellung: Andreas Losse
Umschlag und Innenlayout: boje5 Grafik & Werbung, Eckard Schönke, Braunschweig
Satz: media service schmidt, Hildesheim
Druck und Bindung: Westermann Druck GmbH, Georg-Westermann-Allee 66, 38104 Braunschweig

ISBN 978-3-507-**46336**-3

Nah dran ... 7/8 Technik und Naturwissenschaft

Transportmittel in der Luft

Transportmittel an Land und im Wasser

Energie und Nachhaltigkeit

Projektorganisation

Technische Problemfelder

Technische Umsetzung

Projektauswertung

Transportmittel in der Luft

Laufzettel

In diesem Arbeitsheft findest du Seiten, mit denen du dich informieren kannst, auf denen aber auch Aufgaben gestellt werden. Andere Seiten sind reine Arbeits- oder Übungsseiten. Damit du die Übersicht behältst, was du bereits bearbeitet hast, vermerkst du die erledigten Seiten auf diesem Blatt und bewertest deine Arbeit. Du bekommst den Auftrag, innerhalb einer bestimmten Zeit bestimmte Seiten zu Hause oder im Unterricht zu bearbeiten. Entweder erhältst du dafür eine zeitliche Vorgabe oder du bearbeitest die Blätter dann, wenn dein Team deine Arbeitskraft gerade nicht benötigt. Am Ende sollen alle Seiten bearbeitet sein. Einige Seiten werden gemeinsam im Unterricht bearbeitet.

1 Trage in die Tabelle ein, was du erledigt hast, und bewerte deine Leistung durch Ankreuzen eines Smileys.

2 Lass die Seiten auch von deiner Lehrkraft bewerten.

Plan für die siebte Klassenstufe	Seite	Datum	Bewertung ☺☺	☺	😐	☹
BO Kompetenzcheck	5					
iB Zusammenarbeit im Intranet	8					
Transportmittel in der Luft						
Der Traum vom Fliegen – Ein Blick in die Geschichte	10					
Ein Blatt lernt fliegen	11					
Der Manta	12					
Warum fliegt ein Flugzeug?	13					
Aufwärts mit heißer Luft	14					
iB Suchstrategien im Internet	15					
Mit einem Ballon bis zum Rand des Weltalls	18					
Ideenkarten für den Bau eines Heißluftballons	19					
Der Fallschirm: Anwendungen in Natur und Technik	20					
Der Fallschirm: Anwendungen und Experimente	21					
Keine Kraft wirkt allein	22					
Eine Wasserrakete bauen	23					
Transportmittel an Land und im Wasser						
öB Ein Boot bauen	26					
Die Verwendung von Plastik aus ökologischer Sicht	28					
Ein Mausefallenauto bauen	29					
Kleine Kraft, große Wirkung	32					
Geschwindigkeitsmessung	33					
iB Messwerte darstellen	34					
Funktionsprinzip eines Luftkissenfahrzeugs	35					
Ein Luftkissenfahrzeug entsteht	36					
iB Das Bewerbungsschreiben	38					
iB Mein Lebenslauf	39					
BO Berufe im Lernfeld	40					
R Rückspiegel: Überprüfe deine Kompetenzen	41					

Kompetenzcheck

①

②

⑥

Kompetenzen

③

⑤

④

Kompetenzen

technische Ideen umsetzen – Kriterien beachten – experimentieren – Werkzeuge und Maschinen handhaben – handwerklich arbeiten – Unfälle verhüten – Materialien kennen – Fachbegriffe kennen – skizzieren – Ideen weitergeben – Informationen gewinnen – Zusammenhänge erkennen und erklären – Fertigung verbessern – bewerten

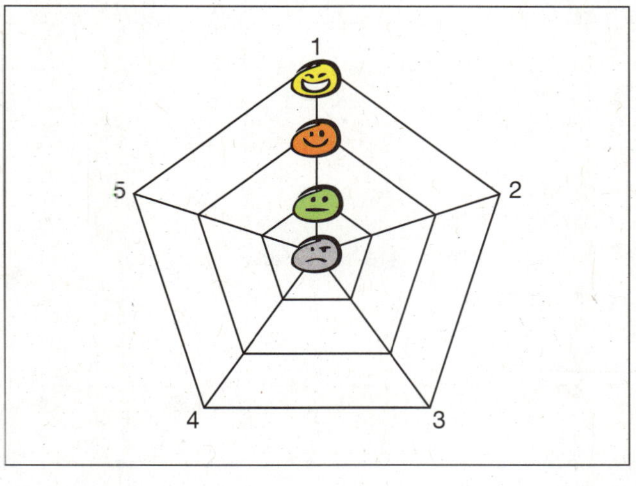

Aufgaben

Du kannst dich bestimmt daran erinnern, was du in der 6. Klasse in TuN gelernt hast.

1 Ordne die genannten Kompetenzen den Zeichnungen zu. Mehrfachnennungen sind möglich.

2 Bewerte, wie gut du die abgebildete Tätigkeit kannst. Kreuze einen Smiley an.

3 Trage deine Bewertung in die nebenstehende Grafik ein. Verbinde die Punkte.

4 Male das entstandene Feld an. Wenn dieses Feld groß ist, beherrschst du schon viele Kompetenzen.

Überprüfe deine Kompetenzen

Windrichtungsanzeiger
Auf Segelschiffen bestimmt der Skipper den Kurs. Er muss dabei genau auf die Windrichtung achten. Um besonders schnell segeln zu können, muss er den richtigen Kurs wählen.

Deine Aufgabe ist es, eine Hilfe für den Skipper zu entwickeln, mit der er genau erkennen kann, woher der Wind weht. Dazu stehen dir hier einige Gegenstände zur Verfügung.

Wenn du andere Materialien und Werkzeuge benötigst, fragst du deine Lehrerin oder deinen Lehrer.

Einzelarbeit
1. Planung
Überlege dir, wie dein Windrichtungsanzeiger funktionieren könnte.
Fertige auf einem Blatt Papier eine Zeichnung im Maßstab 1:1 an (Originalgröße).

Gruppenarbeit
Arbeitet jetzt in Gruppen zu vier Personen. Achtet auf die angegebenen Zeitvorgaben.
Stelle deine Zeichnung den anderen Gruppenmitgliedern vor. Sie bewerten dich.

	☺☺	☺	😐	☹
Die Zeichnung ist sauber gezeichnet.				
Alle Funktionen sind erkennbar.				
Die Erklärung war gut. Alle anderen wissen, wie dein Anzeiger funktioniert.				

2. Arbeitsablauf
Beschreibe, in welcher Reihenfolge du den Gegenstand herstellen willst.
Schreibe diese Arbeitsschritte auf ein Blatt. Stelle die Reihenfolge sinnvoll grafisch dar.
Gib die Darstellung und das Arbeitsheft an deinen rechten Nachbarn.
Bewerte die Darstellung deines Nachbarn.

	☺☺	☺	😐	☹
Ich verstehe die Reihenfolge.				

3. Umsetzung

In einer Vierergruppe bauen zwei, die anderen zwei beurteilen.
Wenn du baust, gibst du das Arbeitsheft an einen „Beurteiler". Dieser kreuzt an.

10 min

	☺☺	☺	😐	☹
Arbeitet geschickt mit Werkzeugen und Materialien.				
Achtet auf Arbeitssicherheit.				
Arbeitet genau und sauber.				

4. Präsentation

Schreibe genau auf, was du bei der Präsentation sagen willst. Übe die Präsentation.
Teilt neue Gruppen auf. Niemand aus deiner vorherigen Gruppe befindet sich in der neuen.

Präsentiere deinen Windrichtungsanzeiger – die anderen Gruppenmitglieder beurteilen dich. Danach wird gewechselt. Jeder kreuzt einmal an.

10 min

	☺☺	☺	😐	☹
Spricht verständlich und deutlich.				
Kann gut präsentieren.				

5. Bewertung

Dein Windrichtungsanzeiger wird bewertet.
Lasse dein Arbeitsheft bei deinem Windrichtungsanzeiger liegen und setze dich auf den Platz deiner Nachbarin, deines Nachbarn. Nach der Bewertung wird weiter gewechselt.

3x 2 min

Die Konstruktion …	☺☺	☺	😐	☹
… ist gut durchdacht.				
… ist sauber und handwerklich gut gearbeitet.				
… funktioniert gut.				

6. Auswertung

An diesen Kompetenzen hast du im sechsten Schuljahr gearbeitet. Dort, wo du negative Bewertungen bekommen hast, solltest du weiter an deinen Kompetenzen arbeiten und sie verbessern.

Aufgaben

1 Lies die Aufgabenstellungen durch und gehe danach vor.

2 Bewerte nach Anweisung in der jeweiligen Aufgabe.

Zusammenarbeit im Intranet

Computernetze ermöglichen Gruppen das gemeinsame Arbeiten an Dokumenten und den Austausch von Dateien. In verschiedenen Netzwerken wie dem Intranet der Schule können dazu Arbeitsbereiche für Projektgruppen eingerichtet werden. Zur Organisation der gemeinsamen Arbeit an Dateien müsst ihr euch auf Vereinbarungen einigen und vorbereitende Maßnahmen ergreifen.

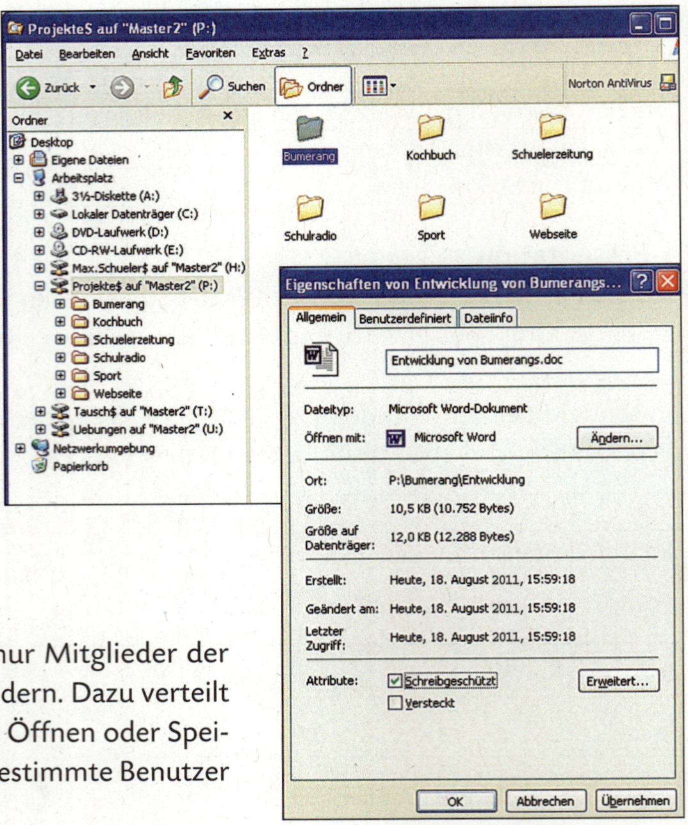

Wenn deine Klasse zum Beispiel an einer gemeinsamen Dokumentation arbeitet, dann kann euer Lehrer die Einrichtung eines gemeinsamen Arbeitsbereichs im Laufwerk „Projekte" (P:) veranlassen.

In diesem gemeinsamen Projektordner können nur Mitglieder der Projektgruppe ihre Dokumente ablegen und verändern. Dazu verteilt der Netzwerkadministrator Zugriffsrechte, die das Öffnen oder Speichern in einzelnen Ordnern oder von Dateien für bestimmte Benutzer zulassen oder einschränken.

Rechte bei Ordnern und Dateien

R (read)	Lesen	Dokumente und Unterordner öffnen
W (write)	Schreiben	Dokumente und Unterordner erstellen und speichern
M (modify)	Verändern	Dokumente und Unterordner öffnen, Inhalte und Eigenschaften verändern und speichern
E (erase)	Löschen	Dokumente und Unterordner löschen

Eine Datei schützen

Wenn du selber eine Datei vor Veränderungen schützen willst, aktiviere im Auswahlfenster „Eigenschaften" (Menü „Datei", „Eigenschaften") das Dateiattribut „Schreibgeschützt".
Übrigens: Sobald eine Datei von einem Benutzer geöffnet wird, ist sie solange für andere Benutzer schreibgeschützt, bis der erste Benutzer sie wieder schließt. Die anderen Benutzer können die Datei aber in dieser Zeit öffnen und unter einem neuen Dateinamen oder in einem anderen Ordner speichern.

Aufgaben

1 Erkunde in den Ordnern der Netzwerk-Laufwerke (H:, T: und P:), wo du Dateien erstellen, verändern und löschen kannst, z. B. mit einer Datei mit deinem Namen. Trage die Ergebnisse in eine Tabelle ein.

2 Besprecht in der Klasse, welche Konsequenzen sich aus dem Recht für jeden ergeben, alle Dokumente zu erstellen, zu lesen, zu verändern und zu löschen.

3 Klicke mit der rechten Maustaste auf eine Datei und lasse dir die „Eigenschaften" anzeigen. Mit dem Dateiattribut „Schreibgeschützt" kannst du ein Überschreiben der Datei verhindern.

Mit entscheidend für eine gute Zusammenarbeit ist, dass sich die Projektgruppe auf ihre Vorgehensweisen beim gemeinsamen Arbeiten an Dokumenten und beim Austausch einigen kann. Legt als Erstes fest, wie das Ergebnis eurer Arbeit aussehen soll: Text, Präsentation, Internetseite ...

Klärt in der Klasse die Teilaufträge und formuliert diese möglichst genau. Legt dann fest, wer bis wann welche Tätigkeiten ausgeführt und welche Dokumente erstellt haben soll. Legt anschließend eine sinnvolle Ordnerstruktur mit allen Unterordnern (z. B. für jeden Teilauftrag) an, in denen die Dokumente übersichtlich abgelegt werden können.

Umgang mit Versionen

Wenn du Änderungen an einem Dokument vorgenommen hast, speichere sie mit „Speichern unter ..." ab und ergänze den Dateinamen dabei um das Datum. Verwende für den Dateinamen die Form „xxx_yymmdd.zzz", wobei xxx für den Dateinamen, yy für Jahr, mm für Monat, dd für den Tag und zzz für das Dateiformat steht (z. B. „Entwicklung_110321.xls").

Lege zur Sicherheit jeweils eine Kopie der Datei im Home-Laufwerk (H:) an.

Schwarzes Brett

Für die Organisation der Arbeit ist ein „Schwarzes Brett" hilfreich: Jemand legt ein Dokument mit einer Tabelle an, in das immer eingetragen wird, wenn jemand ein Dokument abgelegt oder verändert hat.

Tipp

Für die gemeinsame Arbeit solltet ihr festlegen, wie ihr mit den abgelegten Dokumenten umgeht. Besprecht und ergänzt das Dokument „Projektregeln.doc" auf der Internetseite www.schroedel.de/downloads-46336 mit euren Vereinbarungen. Speichert das Dokument im Projektordner.

Bei der Planung der Ordner solltet ihr klären, wo Dokumente und Bilder abgelegt werden. Auch die Sammlung von Informationen sollte in einem eigenen Ordner abgelegt werden.

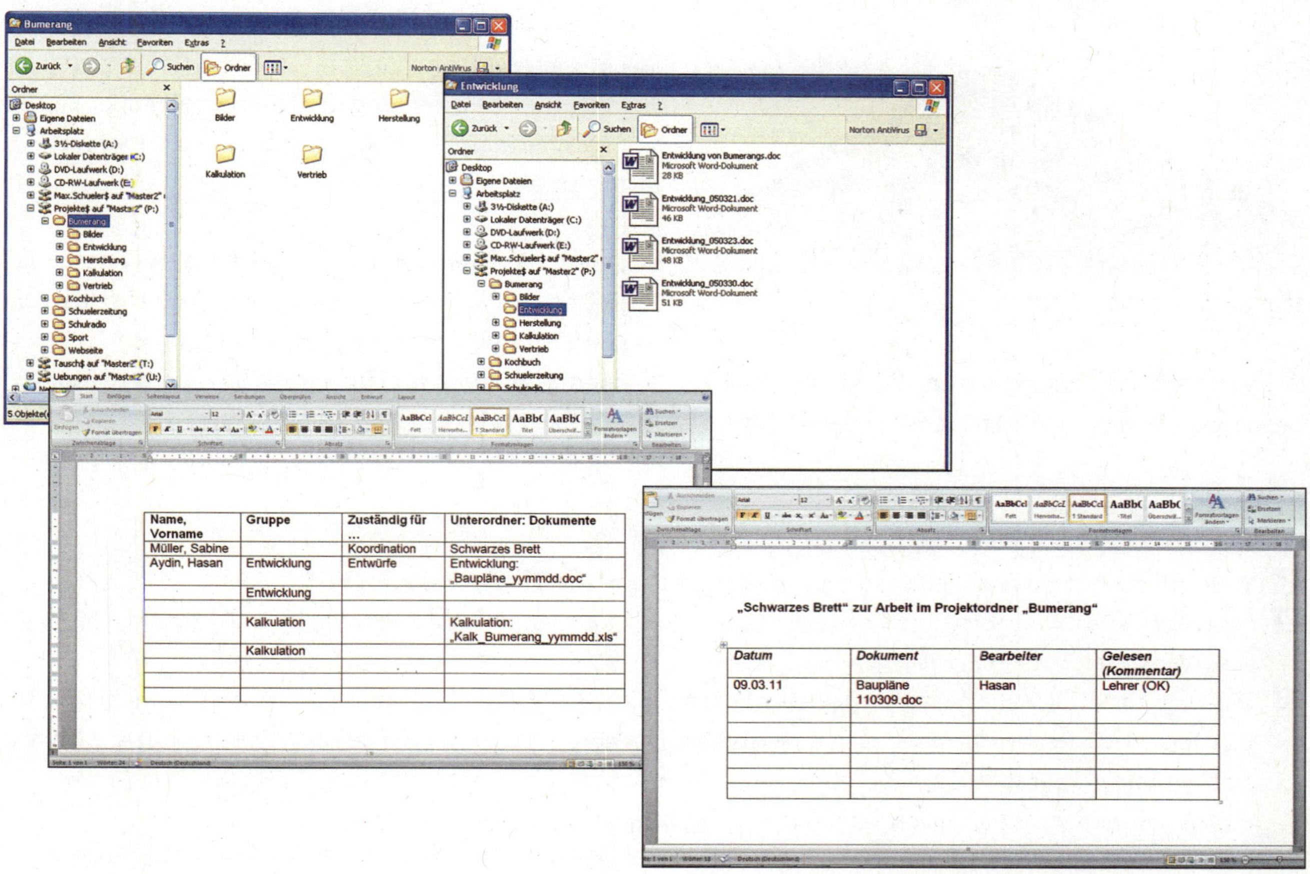

Der Traum vom Fliegen – Ein Blick in die Geschichte

Fliegen zu können wie ein Vogel, ist ein alter Traum der Menschheit. Immer wieder haben Menschen versucht, diesen Traum zu verwirklichen. Im Mittelalter beschäftigte sich der Wissenschaftler und Künstler Leonardo Da Vinci (1425–1519) mit dem Entwurf von Flugapparaten. Aber es dauerte bis zum 19. Jahrhundert, ehe die ersten gebaut wurden. Diese Flugapparate mussten entweder mit Muskelkraft betrieben werden oder sie waren nur zum Gleiten geeignet.

Otto Lilienthal (1848–1896) unternahm 1891 seine ersten Gleitversuche mit selbst gebauten Flugapparaten. Er startete von einer Erhöhung aus und brachte es auf eine Weite von 500 Metern. Bei einem Flugversuch im Jahr 1896 verunglückte er tödlich. Die von ihm gebauten Gleiter ähnelten den heute benutzten Drachen der Drachenflieger.

10.1 Otto Lilienthal

Die Versuche mit Flugapparaten, die mit Muskelkraft betrieben wurden, konnten nicht gelingen. Denn für Menschen ist es aufgrund ihres Körperbaus und ihrer Masse unmöglich, wie Vögel zu fliegen.

Erst mit der Erfindung des Motors zu Beginn des 20. Jahrhunderts wurde auch der Bau von Flugmaschinen vorangetrieben. Die Motoren waren zunächst nicht besonders leistungsstark. Deshalb wurden die Flugzeuge aus leichten Materialien wie Holz und Leinengewebe gebaut. Durch Verbesserung der Motorstärke konnte man die Flugzeuge schließlich aus stabilem Metall bauen. Es entbrannte ein Wettstreit um immer leistungsstärkere Maschinen.

Eine der größten Pionierleistungen war die Atlantiküberquerung des Amerikaners Charles Lindbergh (1902–1074). Er legte 1927 allein und im Nonstopflug eine Strecke von 5810 Kilometern zurück – in einem kleinen, einmotorigen Flugzeug!

In der weiteren Entwicklung wurden die Flugzeuge größer und erhielten mehrere Motoren. Sie konnten lange Strecken ohne Zwischenstopp zurücklegen und mehr Menschen und Frachtgut transportieren.

Ein weiterer Höhepunkt in der Entwicklung der Luftfahrt war die Erfindung des Düsentriebwerks. Große Passagiermaschinen fliegen heute fast ausschließlich mit solchen Triebwerken.

Durch die fallenden Flugpreise hat die Fliegerei das Reisen revolutioniert. Heute ist es für uns selbstverständlich, weitentfernte Urlaubsregionen zu erreichen oder auch nur für ein paar Tage Metropolen wie Paris oder London zu besuchen.

Aufgaben

1 Welche Erfindungen brachten der Flugzeugtechnik die entscheidenden Fortschritte?

2 Für seinen Atlantikflug brauchte Charles Lindbergh mehr als 33 Stunden. Berechne seine durchschnittliche Fluggeschwindigkeit.

3 Das Flugzeug A380 hat eine maximale Passagierkapazität von 960 Personen und eine Höchstgeschwindigkeit von 0,95 Mach. Recherchiere die zur Abschätzung notwendigen Daten anhand realer Flugpläne, die du z. B. im Internet finden kannst.

a) Wie lange dauert ein Flug von Frankfurt nach New York?

b) Vergleiche dein Ergebnis mit tatsächlichen Flugzeiten und erläutere, wie es zu den Abweichungen kommt.

Ein Blatt lernt fliegen

Wenn du ein glattes DIN-A4-Blatt Papier fallen lässt, wird es nicht gleichmäßig zu Boden sinken, sondern unregelmäßig hin und her taumeln und mehr oder weniger unsanft irgendwo landen. Mit ein paar wenigen (aber sorgfältigen!) Handgriffen kannst du daraus aber eine gleichmäßig zu Boden gleitende Papierschwalbe falten. Das geht so:

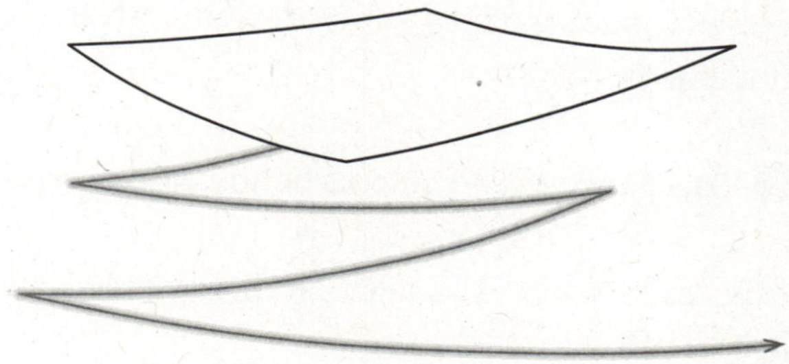

a) Falte das Blatt an der gestrichelten Mittellinie nach oben und an den punktierten Linien nach unten. Wenn du dieses gefaltete Blatt waagerecht in die Höhe hältst und fallen lässt, wirst du sehen, dass es nur noch nach **vorn und hinten** kippt, aber kaum mehr zur Seite.

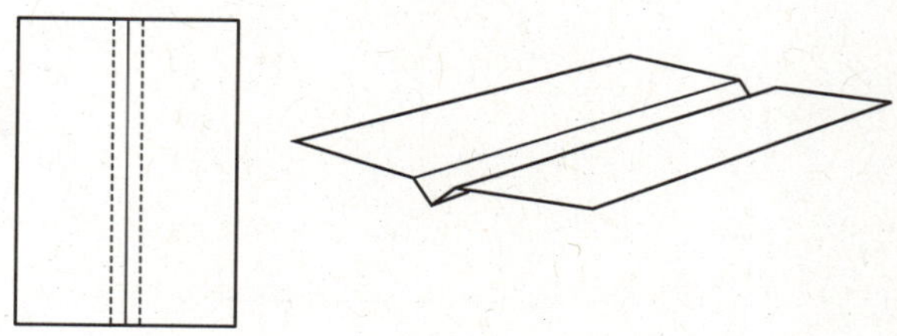

b) Wir wollen die Schwalbe aber nicht nur gleichmäßig **sinken**, sondern möglichst weit **fliegen** lassen. Deshalb müssen wir sie **vorne schwerer** machen: Dazu drehst du die Schwalbe um, drückst sie leicht platt und knickst von der schmalen Seite her mehrmals einen etwa 1 cm breiten Streifen um. Wende die Oberseite wieder nach oben, bringe die Längsknicke wieder in Form und wirf deine Schwalbe sachte – nicht zu stark – leicht schräg nach unten.

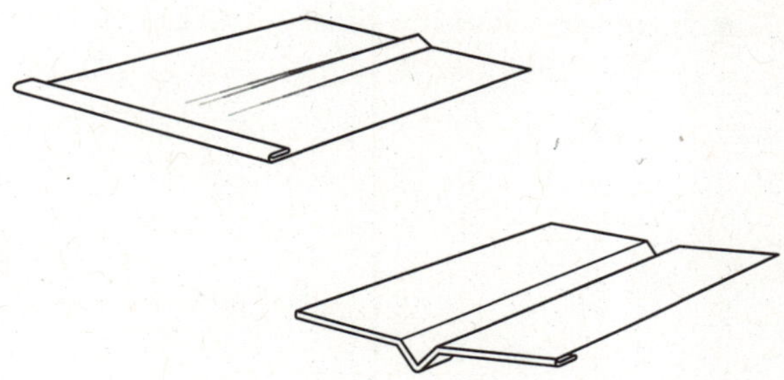

c) Wenn sie bogenartig auf und ab fliegt, ist sie „schwanzlastig". Dann musst du noch weitere Falze am „Kopf" umknicken. Wenn sie dagegen steil nach unten kippt, ist sie „kopflastig". Dann hast du zu viele Falze umgeknickt. Biege einen wieder zurück! Zur besseren Flugstabilität kannst du die Flügel seitlich etwa 1 cm breit nach oben falten. Hast du sie richtig „getrimmt", wird deine Schwalbe schön gleichmäßig, geradeaus und flach zu Boden gleiten.

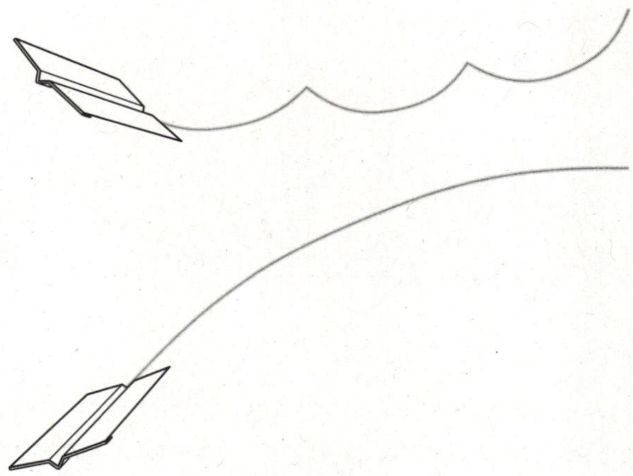

d) Du kannst sie auch eine Kurve fliegen lassen. Für eine **Links**kurve z. B. musst du (wie beim Schlittenfahren!) auf der linken Seite bremsen. Dazu schneidest du eine Bremsklappe ins **linke** Flügelende und biegst sie hoch. Dadurch neigt sich die Schwalbe beim Flug nach links und fliegt eine Kurve.

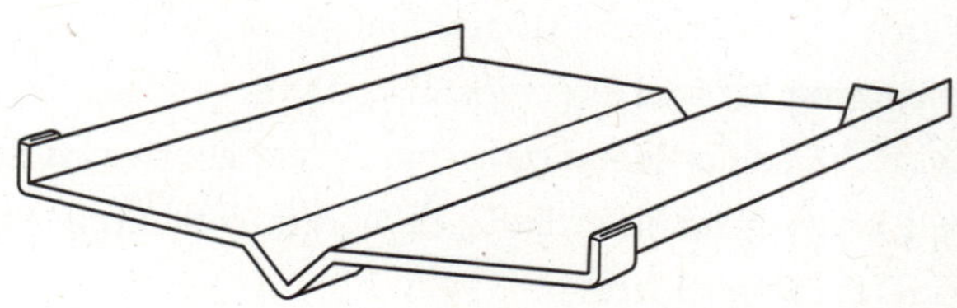

Aufgaben

1 Baut den Papierflieger nach. Wer schafft den Dauerflugrekord?

2 Welche Schwalbe fliegt am weitesten?

Der Manta

Dieser Flieger schaut ganz anders aus, als die üblichen Papierflieger, hat aber ganz tolle Flugeigenschaften.

1 Baue ihn nach und beschreibe anschließend die Flugeigenschaften der beiden Flugzeugmodelle.

Falte das Papier so, dass eine Faltung von einer Ecke zur gegenüberliegenden Ecke entsteht.

Falte den unteren Rand zweimal um. Die entstehende Wulst sollte ca. 2 cm breit sein.

Jetzt musst du zwei Falten herstellen, die genau durch die Spitze der beiden Dreiecke laufen.

Im letzten Schritt muss die Form des Fliegers noch abgerundet werden. Dazu wird der gefaltete Teil auf eine Tischkante gelegt und mehrmals kräftig zwischen den Flügeln hin- und hergezogen. Der gefaltete Teil wird dazu ein paar Mal über eine Tischkante gezogen. Dabei wird das Papier schön rund und sollte danach aussehen wie in der Zeichnung. Der Teil mit der gefalteten Wulst ist die „Fliegerspitze".

Zum Start hält man den Flieger mit vier Fingern oben und dem Daumen unten, neigt die Spitze leicht nach unten und gibt dem Flieger einen leichten Stoß. Besonders gut gleitet er, wenn du ihn von einer erhöhten Position aus wirfst.

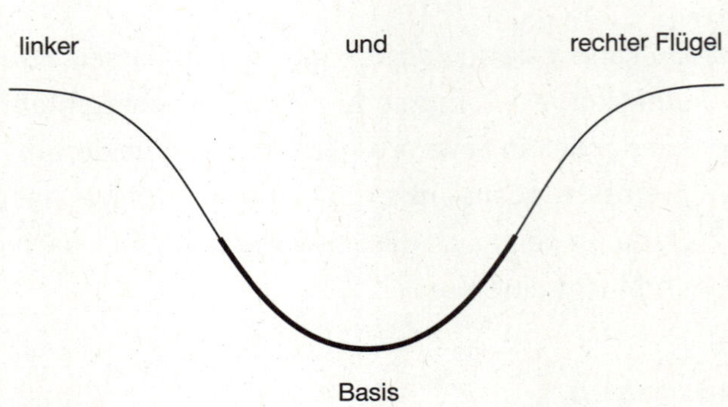

Warum fliegt ein Flugzeug?

Flugzeuge haben im Gegensatz zu Heißluftballons eine größere Dichte als Luft. Das heißt, sie können nicht durch den statischen Auftrieb als Folge geringerer Dichte abheben. Die Funktionsweise von Flugzeugen beruht auf dem dynamischen Auftrieb, der durch die Bewegung einer Tragfläche durch die Luft zustande kommt. Die Form der Tragfläche bewirkt, dass an ihrer Oberseite ein geringerer Druck als auf ihrer Unterseite entsteht. Dieser lässt das Flugzeug fliegen. Ist der dynamische Auftrieb größer als die Gewichtskraft des Flugzeugs, so hebt es ab und steigt auf.

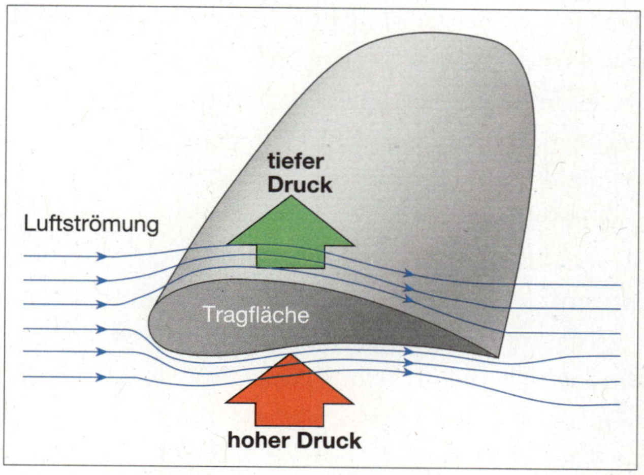

13.1 Funktionsweise einer Tragfläche

Experimente zum dynamischen Auftrieb

Versuch 1

Du benötigst für den Versuch einen Bleistift und ein Blatt Papier der Größe DIN A5.
Wickle das Ende des Papiers um den Bleistift und blase über das Blatt drüber (vgl. Abb. 13.2).

Das beobachtbare Phänomen nennt man das „aerodynamische Paradoxon".

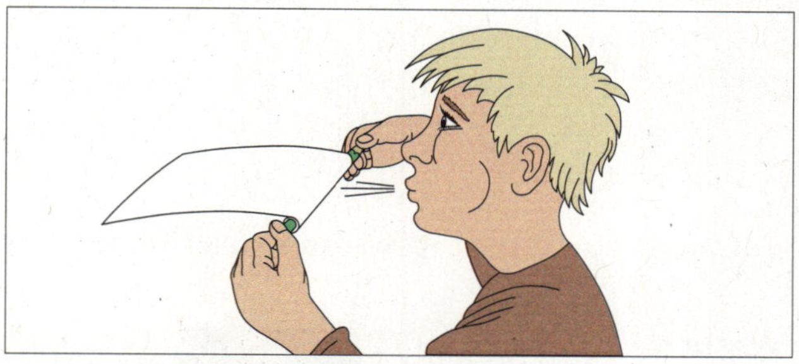

13.2 Versuch zum aerodynamischen Paradoxon

Versuch 2

Klebt einen 30 cm langen und 5 cm breiten Papierstreifen an den Enden zusammen. Bohrt ins vordere Drittel zwei Löcher und steckt das Stück eines Trinkhalms durch (vgl. Abb. 13.3). Fixiert nun den Trinkhalm mit Klebstoff an dem Papierstreifen, sodass dieser in einer Tragflächenform bleibt. Lasst eine Schnur durch den Trinkhalm laufen und haltet diese lotrecht. Blast nun mit einem Föhn auf die gebogene Seite eures „Flügels". Variiert die Form der Tragfläche und die Föhnstufe.

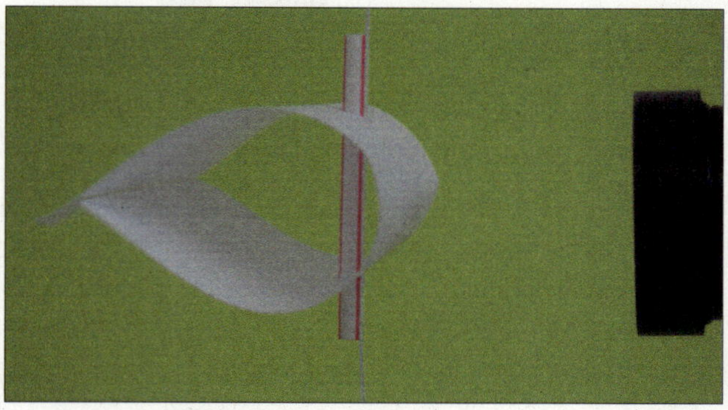

13.3 Eine Tragfläche aus Papier

Aufgaben

1 Führt die beiden Experimente durch und verfasst jeweils ein Versuchsprotokoll.

2 a) Warum spricht man bei Versuch 1 vom „aerodynamischen Paradoxon"? Was meinen die beiden Begriffe und warum ist die Beobachtung paradox?

b) Worin besteht der Zusammenhang der beiden Versuche mit der Funktionsweise eines Flugzeugs?

Aufwärts mit heißer Luft

Im Heißluftballon ist nicht mehr drin als heiße Luft. Sie ist nicht einmal fest eingeschlossen, denn am unteren Ende ist dieser Ballontyp offen. Dort befindet sich ein Brenner, der die Luft in der ca. 25 m hohen Hülle erhitzt. Die meisten Ballons enthalten bis zu 3 600 m³ Luft.

Durch das Erhitzen dehnt sich die Luft aus und strömt unten aus der Ballonhülle. Die Gewichtskraft des gesamten Ballons (also Hülle, Korb mit Insassen und vor allem Luftfüllung) wird deshalb kleiner, die Auftriebskraft durch das größere Volumen dagegen größer. Wird die Auftriebskraft schließlich größer als die Gewichtskraft, steigt der Ballon auf. Kühlt sich die Innenluft während der Fahrt ab, strömt kalte Luft von unten nach und erhöht die Gewichtskraft – der Ballon sinkt. Durch erneutes Aufheizen der Luft mit dem Brenner gewinnt er wieder an Höhe.

Ein Heißluftballon kann nur steigen und sinken. Eine Richtungssteuerung ist nicht möglich.

Dass heiße Luft in kälterer Umgebung tatsächlich aufsteigt, könnt ihr in den nachfolgenden Experimenten beobachten. Führt die Experimente in Kleingruppen durch und verfasst zu jedem Versuch ein Protokoll. Achtet dabei auf die geltenden Sicherheitsregeln!

Versuche zur Wirkungsweise eines Heißluftballons

Versuch 1
Zündet im dunklen Zimmer eine Kerze an und projiziert mit einer Taschenlampe ihren Schatten an eine helle Wand.
Beobachtet im Schattenbild genau die Fläche über der Kerze. Was fällt euch auf?

14.2

Versuch 2
Zeichnet auf ein Blatt Papier eine Spirale, ähnlich der in der Abbildung rechts, nur etwa dreimal so groß.

Hängt die Spirale an einem Faden auf und platziert sie über einer Wärmequelle.

14.3

Versuch 3
Schneidet den oberen Teil eines Teebeutels wie in der Abbildung dargestellt ab. Entnehmt die Teeblätter und stellt den Teebeutel auf eine feuerfeste Unterlage. Zündet den Teebeutel nun im oberen Bereich an.

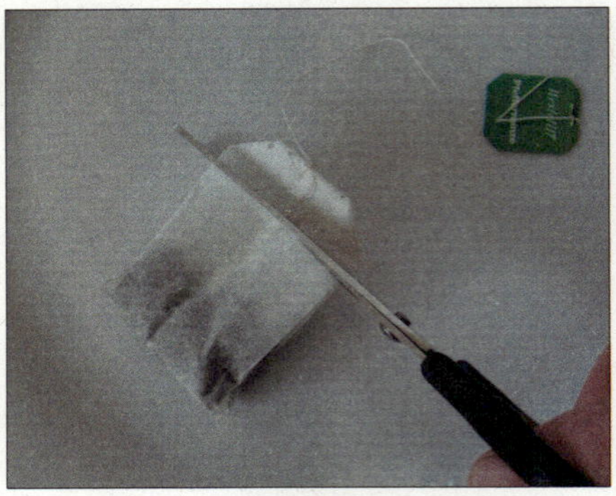

14.4

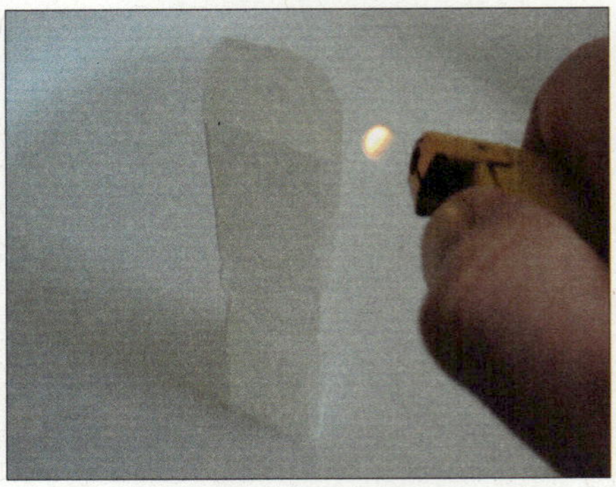

14.5

Suchstrategien im Internet

Im Internet gibt es unzählige Informationen – brauchbare und weniger brauchbare. Wenn du Informationen zu einem bestimmten Thema suchst, ist es daher entscheidend, die richtige Suchstrategie einzusetzen. Häufig führt bereits die Suche über mögliche Internetadressen sowie über Kataloge und Linklisten ohne großen Zeitaufwand zu guten Fundstellen. Wenn du zum Beispiel Informationen über Papierflieger suchst, kannst du folgendermaßen vorgehen:

Suchmaschinen

Meistens wirst du schnell brauchbare Informationen finden, wenn du das Stichwort „Papierflieger“ in eine Suchmaschine wie z. B. Google oder Bing eingibst.

Internetkataloge

In Katalogen sind Internetseiten nach Themenbereichen geordnet. Durch Auswählen der Themen und Unterthemen kannst du dich den gesuchten Informationen annähern. Der Vorteil der Kataloge ist, dass sie von Menschen zusammengestellt werden, die die Informationen vorsortieren. Im Infokasten findest du einige Internetkataloge aufgelistet.

Linklisten

Viele Internetseiten enthalten „Linklisten“, über die du ganz gezielt zu weiteren Seiten zum Thema gelangen kannst. Meist findest du diese Linklisten im Bereich „Links“.

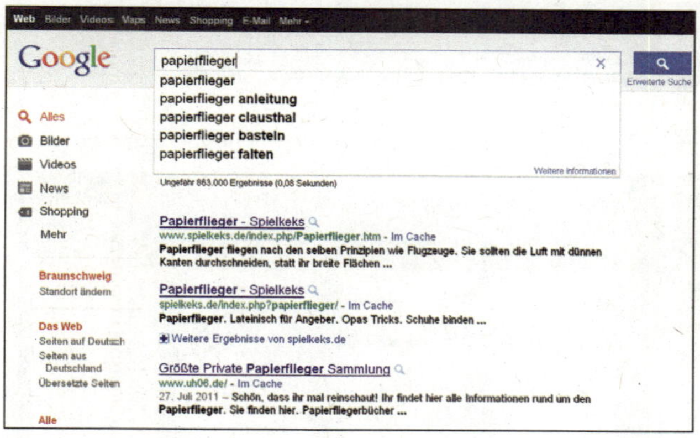

Info

Internetkataloge
– www.web.de
– www.yahoo.de
– www.lycos.de
– http://suche.freenet.de
– ...

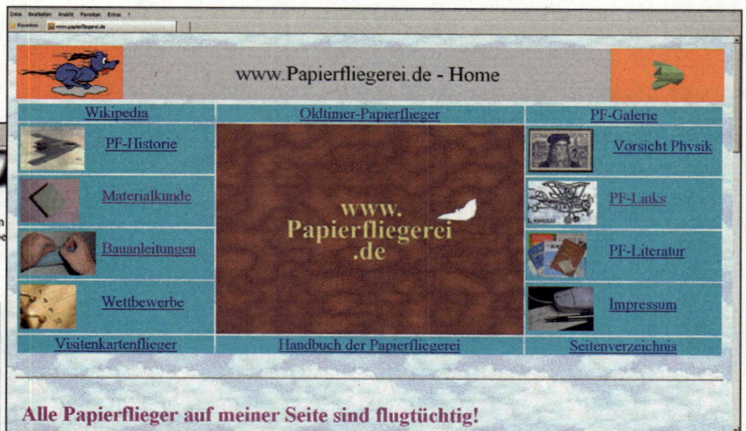

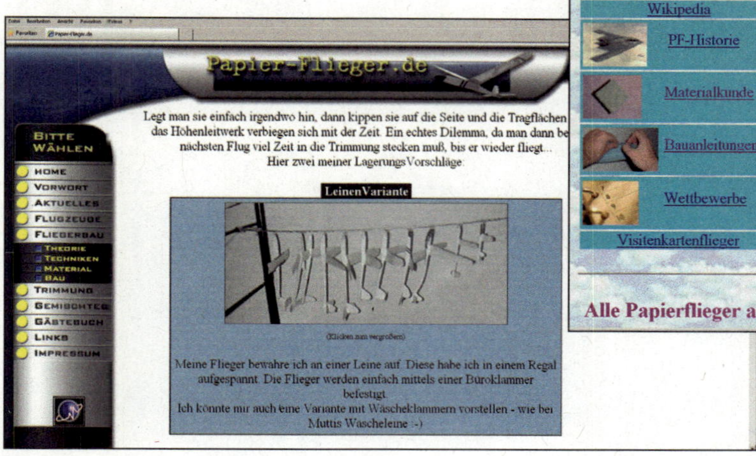

Aufgabe

1 Finde mit den drei Suchstrategien möglichst viele Internetseiten zum Thema „Papierflieger“.

Im Internet findest du viele Nachschlagewerke, die dir Informationen liefern. Unter www.blindekuh.de findest du zum Beispiel gute Informationsquellen. Von diesen aus kannst du Texte, Bilder, Ton- und Videobeispiele finden. Die gefundenen Informationen kannst du verarbeiten. Der Vorteil von Nachschlagewerken im Internet ist es, dass sie meistens sehr aktuell sind.

1 Suche Informationen zum Thema „Luftfahrt“:

1. Rufe die Seite www.blinde-kuh.de auf. Es öffnet sich die Startseite der „Blinde Kuh Suche“.
2. Trage in das Eingabefeld „Suchen“ den Begriff „Luftfahrt“ ein.
3. Klicke nun auf „Suchen“. Die Anzahl der Treffer wird dir im neuen Fenster angezeigt.
4. Lies in der Trefferliste die Kurzbeschreibungen der Suchergebnisse durch.

   Gibt es viele Treffer, so musst du auf dem Bildschirm nach unten scrollen.
5. Klicke auf das Suchergebnis, das für dein Thema am besten passt. Hier im Beispiel „Warum fliegen Flugzeuge?“
6. Im unteren Bildbereich kannst auf weitere Seiten mit Suchergebnissen umschalten. Dies geht aber nur, wenn sehr viele Suchergebnisse vorhanden sind.
7. Lies die ausgewählte Seite gut durch. Wenn sie die passenden Informationen enthält, speichere sie in eurem Gruppenlaufwerk ab.

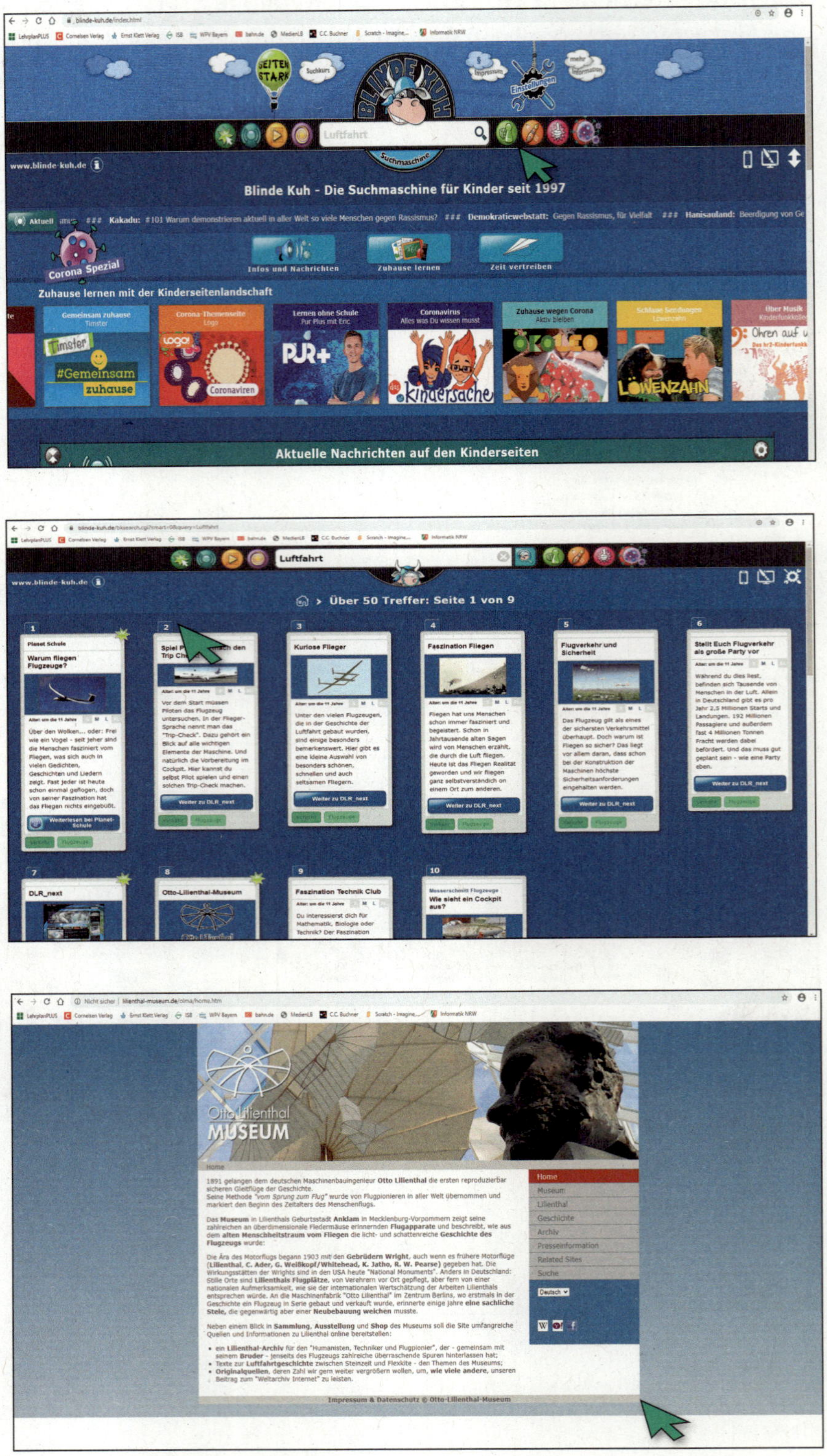

16.1-3 Suchergebnisse auf www.blinde-kuh.de

Wikipedia ist ein bekanntes Nachschlagewerk im Internet. Zu fast allen Suchbegriffen findest du Informationen. Viele Erklärungen sind jedoch sehr lang und durch Fachbegriffe schwer verständlich. Du solltest genau überlegen, ob der Text für dich geeignet ist.

1 Suche in Wikipedia Informationen zum Thema „Luftfahrt“:

1. Starte deinen Internetbrowser und gib www.wikipedia.de ein.
2. Gib in das Eingabefeld „suchen“ den Begriff „Luftfahrt“ ein.
3. In der sich öffnenden Liste kannst du deinen Begriff eingrenzen und rechts auf „suchen“ klicken.
4. Um alle Suchergebnisse zu erkennen, die den Begriff Luftfahrt enthalten, musst du auf der Seite nach unten scrollen.
5. Klicke auf einen Treffer, der zu deinem Ergebnis passen könnte.
6. Lies diesen Text und kopiere das Wichtigste in ein Textdokument.

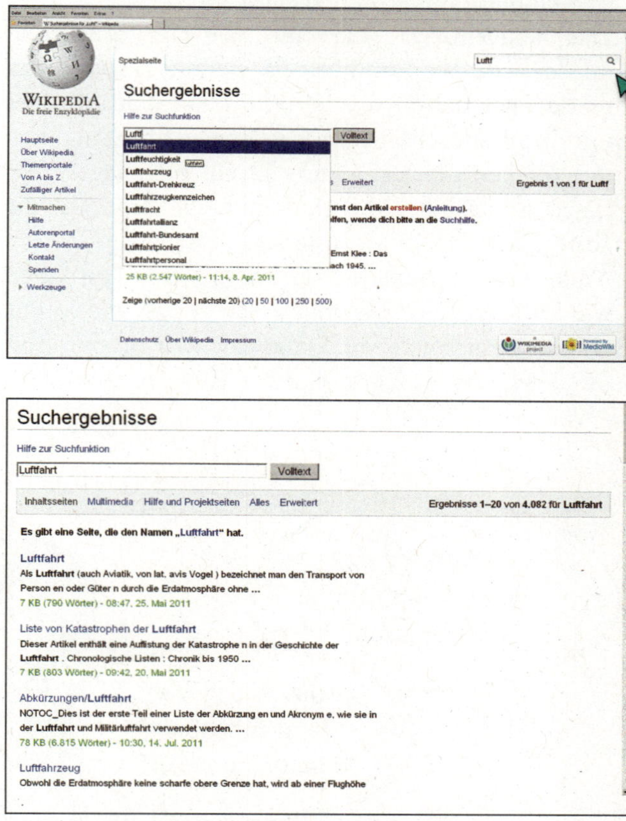

17.1-2 Suchergebnisse auf www.wikipedia.de

Tipp

Sollte ein Text unpassend oder zu kompliziert sein, nutze Lexika für Kinder und Jugendliche, wie die auf Seite 16 beschriebene „Blinde-Kuh-Suche“. Weitere interessante Lexika findest du unter:

- www.wasistwas.de
- www.wissenmachtah.de
- www.zdftivi.de
- www.schuelerlexikon.de

Info

Wikipedia ist eine Plattform, auf der jeder Texte veröffentlichen kann. Aber Achtung: Manchmal sind die Inhalte nicht überprüft und können Fehler enthalten.

Aufgaben

1 Suche zum Begriff „Luftfahrt“ bei Wikipedia aktuelle Informationen und vergleiche sie mit den Informationen, die du bei deiner Suche auf www.blindekuh.de erhältst.

2 Nutze verschiedene Adressen der Lexika für Kinder (siehe Tipp). Vergleiche die Suchergebnisse für das Thema Luftfahrt und speichere sie in einem Textdokument ab.

3 Berichte über weitere Onlinelexika.

Mit einem Ballon bis zum Rand des Weltalls

Vater und Sohn schicken iPhone mit einem Ballon ins All

Das bis in die Stratosphäre geschickte Handy nahm spektakuläre Bilder vom Weltall auf.

Das dazugehörige Video auf „youtube“ brachte es mittlerweile zur Berühmtheit. Bereits Hunderttausende sahen sich an, wie das iPhone langsam aufsteigt und die Landschaft immer kleiner wird. Nachdem die Wolken die Umgebung in ein milchiges Weiß tauchen, zieht der Ballon weiter. Am Ende ist die Erde aus dem Weltall zu sehen.

Nach acht Monaten Planungen und Testläufen war es soweit. In Newburg/New York wurde das Handy zusammen mit Handwärmern in eine Styroporkiste gepackt. Es musste auf seiner Fahrt Winden um bis zu 160 Kilometer pro Stunde trotzen und die eisigen Temperaturen von Minus 60 Grad Celsius überstehen, die in der Stratosphäre bei 30 000 Kilometer herrschen. Dort zeichnete das iPhone Bilder aus dem Weltall auf, bis der Ballon platzte und mithilfe eines Fallschirms knapp 50 Kilometer vom Startpunkt in einem Baum landete.

(Nach: www.augsburger-allgemeine.de/panorama/Video-Vater-und-Sohn-schicken-iPhone-ins-All-id8638891.html)

1 Streiche die falschen Begriffe durch. Mehrere Begriffe können auch richtig sein. Vergleiche dazu auch die Seite 14.

Kriterien Ballonhülle: Das Hüllenmaterial des Heißluftballons muss **leicht – schwer** sein. Die Ballonhülle kann **rund – oval – eckig** sein. Je größer die Hülle, umso **mehr – weniger** Auftrieb findet statt. Die Wärmequelle muss **viel – wenig** Hitze erzeugen. Je **mehr – weniger** Luft in die Hülle reinpasst, umso größer ist der Auftrieb. Die Farbe der Hülle spielt für den Auftrieb **eine wichtige – keine** Rolle.

Kriterien Korb: Der Korb muss **brennbar – brennfest** und **viel – wenig** Hitze aushalten. Die Korbbefestigung an der Hülle muss so gestaltet sein, dass der Korb in **der Mitte – an der Seite – gerade – schief** hängt. Für den Flug ist es, **wichtig – unwichtig**, dass der Korb schön aussieht.

Ideenkarten für den Bau eines Heißluftballons

1 Welche Materialien sind geeignet? Streiche ungeeignete durch und ergänze die leeren Karten mit deinen Ideen.

- Sicherheitsbrennpaste
- Holzleim
- Zeitungspapier
- Heißkleber
- Watte mit Brennspiritus
- Alleskleber
- Bettlaken
- Schweißdraht
- dünner Eisendraht
- Müllsäcke
- LKW-Plane
- Drachenschnur
- Wellpappe
- Trocken-Grillanzünder
- Klebestift
- Getränkedose
- Seidenpapier
- Alu-Grillschale
- Angelschnur
- Stahlblech
- ____________
- ____________

So könnte das Netz eurer Ballonhülle aussehen:

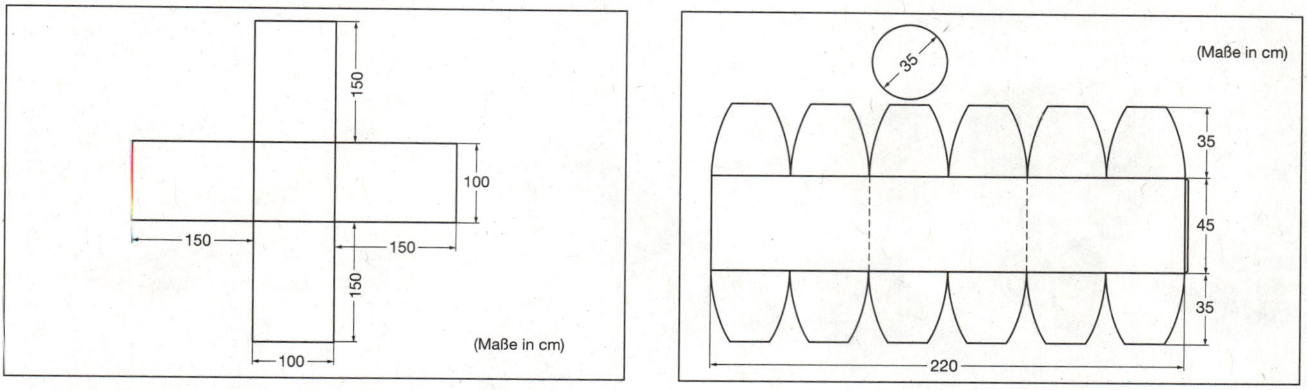

19.1-2 Zeichnungen für die Herstellung der Hülle

Info

Beachte die notwendigen Sicherheitsregeln

- Halte eine Löschdecke bereit.
- Führe Steigversuche nur im Freien und auf offenem Gelände durch und achte dabei auf Brandgefahren.
- Sichere den Ballon vor dem Wegfliegen mit einem Sicherungsseil.
- Gieße niemals Spiritus in eine brennende Flamme.
- Achte darauf, dass kein Brennstoff auf die Hülle, deine Kleider oder auf deine Hände gelangt.
- Verwende keine explosionsgefährlichen Stoffe wie z. B. Benzin.
- Handle behutsam und verantwortungsvoll.

Tipp

Ergänze die Netze um Klebelaschen.

Aufgaben

1 Erstelle für den Start eines Ballons eine Checkliste mit Aufgabenverteilung und Sicherheitsregeln.

2 Sucht verschiedene Bauanleitungen, um einen Heißluftballon anzufertigen. Nimm dazu Seite 15 bis 17 zu Hilfe.

3 Versuche, möglichst viel Gewicht zu transportieren.

4 Recherchiere zur Geschichte der Ballonfahrt. Warum platzt der Ballon in dem Zeitungsartikel auf Seite 18?

Der Fallschirm: Anwendungen in Natur und Technik

20.1 Modell eines Fallschirms nach da Vincis Skizzen

20.2 Ein moderner Fallschirm

20.3 Flugsamen landen immer sicher.

20.4 Verschiedene Flugsamen

Viele Prinzipien, die uns in der Natur begegnen, haben sich über viele Millionen Jahre entwickelt und werden vom Menschen technisch nachempfunden. Dieses Entwicklungsgebiet nennt man Bionik (zusammengesetzt aus Biologie und Technik). Innerhalb der Bionik arbeiten Experten aus verschiedenen Bereichen zusammen.

Der Erfinder Leonardo Da Vinci (1452–1519) gilt als erster Bioniker. Anhand von Beobachtungen an Flugsamen machte er die ersten Konstruktionsskizzen zu einem Fallschirm. Heute werden Fallschirme zur zivilen und militärischen Rettung von Personen und zum Transport von Ladungen, sowie im Freizeitsportbereich eingesetzt.

Aufgaben

1 Sammle verschiedene Flugsamen, beobachte den Flugverlauf und baue diese mit verschiedenen Materialien nach.

2 Experimentiere mit verschiedenen Rundkappenfallschirmen. Variiere Materialien, Durchmesser und Länge der Fäden. Was stellst du fest?

3 Startet einen Wettbewerb. Welche Gruppe schafft es, mithilfe eines Fallschirms ein rohes Ei aus einer Höhe von fünf Metern unbeschadet landen zu lassen?

4 Finde weitere bionische Erfindungen.

Der Fallschirm: Anwendungen und Experimente

Fallschirme werden in der Technik häufig zum Abbremsen in Luft eingesetzt. Zum Beispiel wenn eine Raumkapsel oder ein Raumgleiter auf der Erde landen, wenn ein Raketenfahrzeug bei einer Hochgeschwindigkeitsfahrt abbremst, wenn das Hochstartseil eines Segelflugzeugs ausklinkt und zu Boden fällt, beim Abwurf eines Carepakets (Abb. 21.2) oder natürlich bei Fallschirmspringern.

Ein Beispiel aus der Natur sind die Samen des Löwenzahns; sie haben kleine „Fallschirme", mit denen sie vom Wind weit weg getragen werden .

21.1 Landung eines Raumgleiters

21.2 Abwurf von Carepaketen

Experimente zur Luftwiderstandskraft

Versuch 1: Beobachtung der Luftwiderstandskraft
Forme aus je einem DIN-A4-Blatt einen kleinen, festen und einen großen, lockeren Papierknäuel und lasse beide gleichzeitig aus derselben Höhe fallen. Welcher ist zuerst am Boden? Kannst du deine Beobachtung erklären? Sie sind doch beide gleich schwer! Vielleicht hilft dir der Vergleich mit einem Fallschirmspringer.

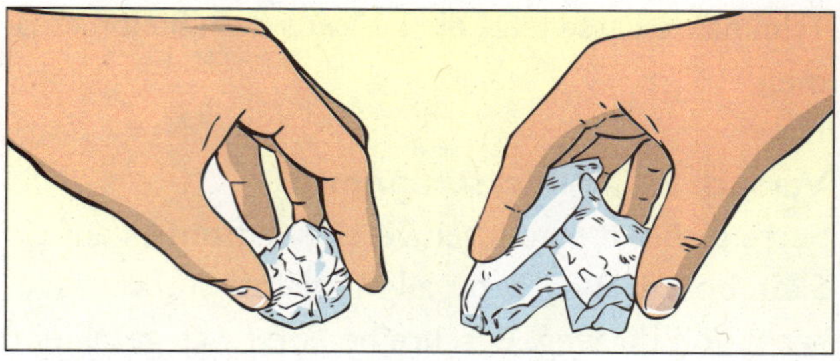

21.3 Welches Knäuel fällt schneller?

Versuch 2: Messungen der Luftwiderstandskraft

Papierprofil	90°	60°	30°
Luftwiderstandskraft in Newton			

Unterschiedlich gefaltete DIN-A4-Blätter (90°, 60°, 30°) werden von einem mit dem Föhn erzeugten Luftstrom angeströmt. Mit einer Federwaage wird die Kraft ermittelt, welche durch die Luftströmung erzeugt wird. Ergänze in der Tabelle.

21.4 Luftwiderstandsmessung an 60°-Papierfaltung

Aufgabe

Beantworte die in den beiden Versuchsbeschreibungen gestellten Fragen.

Keine Kraft wirkt allein

22.1 Wer bewegt sich?

Christian und Martin stehen auf ihren Skateboards und ziehen gleichzeitig an dem Seil (Abb. 1). Sie bewegen sich aufeinander zu und treffen sich ungefähr in der Mitte. Auch wenn nur Christian zieht und Martin das Seil um seinen Körper geschlungen hat, bewegen sich beide aufeinander zu. Offensichtlich übt Martin auch im zweiten Experiment eine Kraft auf Christian aus, die genauso groß ist wie die Kraft, die Christian aufbringt. Die beiden Kräfte sind jedoch entgegengesetzt gerichtet.
Dieser Sachverhalt wird durch das Wechselwirkungsprinzip beschrieben, das man allgemein formulieren kann:

Wenn ein Körper auf einen anderen eine Kraft ausübt, dann wirkt dieser mit einer gleichgroßen, entgegengesetzt gerichteten Kraft auf ihn zurück. Man spricht von der **Gegenkraft**.

Experimente zum Wechselwirkungsprinzip

Versuch 1: Die Luftballonrakete

Ziehe einen Bindfaden durch einen Trinkhalm und spanne ihn quer durchs Zimmer. Blase den Luftballon auf und befestige ihn mit zwei Klebestreifen am Trinkhalm. Lasse jetzt die Luft aus dem Ballon strömen.

Versuch 2: Das Rückstoßprinzip

Setze dich mit einem schweren Medizinball auf ein Skateboard. Wirf den Ball möglichst stark waagerecht von dir weg. Beschreibe kurz, was geschieht. Führe den Versuch noch ein paar Mal durch: Stoße einmal den Medizinball langsamer weg, nimm ein anderes Mal einen leichten Handball; stoße ihn langsam und beim nächsten Mal schnell weg. Beobachte stets die Bewegung des Skateboards und ergänze den Merksatz in Aufgabe 2.

Aufgaben

1 Beschreibe, was in Versuch 1 passiert und erkläre deine Beobachtung.

2 Der Rückstoß des Skateboards ist umso stärker, je ________________ der Ball weggestoßen wird

und je ________________ der Ball ist.

Der Versuch 1 würde noch besser funktionieren, wenn der Ballon, statt leichte Luft auszuströmen, Wasser ausspritzen würde. Diese Idee wird bei der Wasserrakete (S. 23 ff.) genutzt.

Eine Wasserrakete bauen

Eine PET-Flasche erobert die Luft. Wie funktioniert das? Raketen fliegen zum Mond, sie bringen Menschen und Satelliten in den Weltraum. Diese Raketen werden von brennbaren Stoffen angetrieben.

Grundprinzip
Eine Wasserrakete wird nicht von brennbaren Stoffen und einem Raketenmotor, sondern von Wasser und Druckluft angetrieben.

Du füllst eine PET-Flasche teilweise mit Wasser und pumpst Luft hinein. Es entsteht ein hoher Luftdruck in der Flasche, der entweichen möchte. Wenn du die Flasche loslässt, drückt die Luft das Wasser aus der Flasche. Mühelos fliegt sie 10 bis 20 Meter hoch.

Funktionsweise
Die Grundlagen beruhen auf dem Wechselwirkungsprinzip (siehe Seite 22).

In die teilweise mit Wasser befüllte Flasche wird Luft gedrückt. Der immer größer werdende Luftdruck möchte sich ausbreiten. Damit das Wasser und die Druckluft in der Flasche bleiben, wird ein Ventil benötigt. Die Luft kommt so nur in die Rakete hinein, und das Wasser kann nicht vorzeitig aus der Rakete heraus.

Wird die Flasche von ihrer Halterung getrennt, kann die Druckluft das Wasser nach unten aus der Flasche drücken. Das ausströmende Wasser bewirkt einen Rückstoß, der die Rakete steigen lässt.

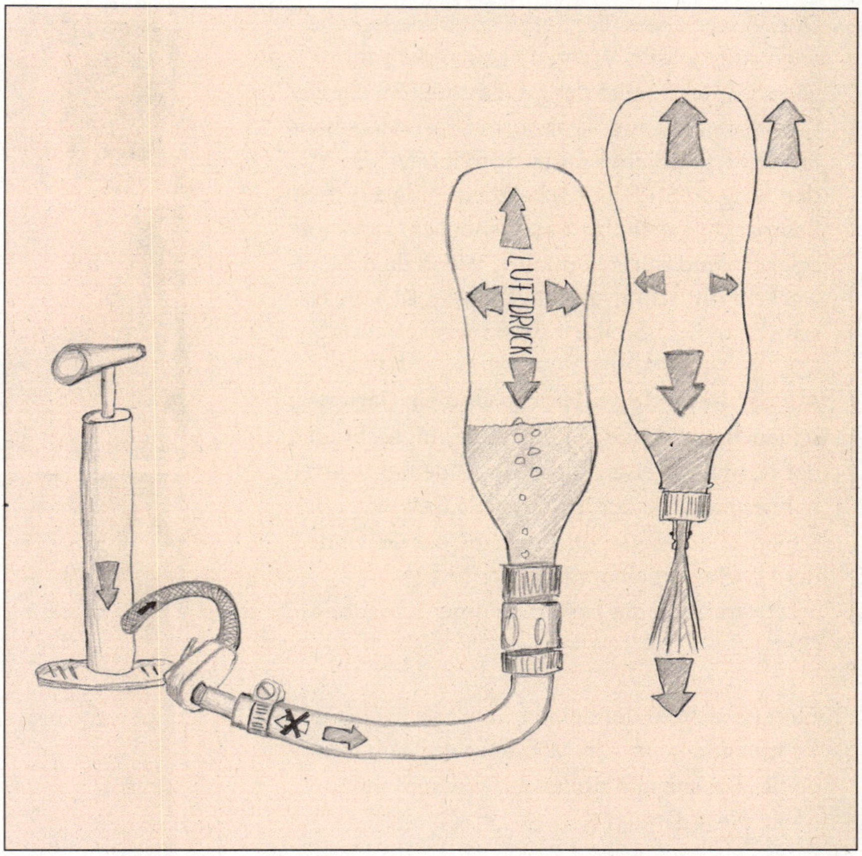

23.2 Skizze einer Wasserrakete

Aufgaben

1 Erstelle einen Bauplan anhand von Informationen aus dem Internet.

2 Sammle passendes Material.

Kriterien der Flasche

Die Flasche muss einen hohen Luftdruck aushalten. Es sollten Teile an ihr befestigt werden können, ohne dass der Kunststoff schmilzt und eine Schwachstelle entsteht. Die Flasche muss dem Fall aus großer Höhe unbeschadet standhalten. Sie muss am Gewinde stabil sein, sodass dieses nicht verformt wird.

Tipps

... zum Bau

Geeignet sind PET-Mehrwegflaschen. Diese bestehen aus einem dicken Kunststoff. Du erkennst sie daran, dass man sie, auch wenn sie leer sind, nicht ganz zusammendrücken kann.

Ein- bis Eineinhalbliterflaschen haben die richtige Größe. In kleinere Flaschen passt nicht genug Wasser. Größere Flaschen sind oft dicker und haben dadurch schlechtere Flugeigenschaften (1).

Die Wasserrakete fliegt ganz gut ohne jegliche angebauten Teile. Wenn du Leitwerke anbringen möchtest, achte darauf, dass diese nicht zu schwer sind. Benutze Pappe, mit Faserklebeband umwickelt, dickere Kunststofffolie, PVC-Bodenbelag oder PE-Trittschalldämmung aus dem Baumarkt. Sperrholz ist auch möglich, kann aber splittern und ist recht schwer. Wenn du die Leitwerke leicht schräg anbringst, dreht sich die Flasche beim Flug. So fliegt sie stabiler.

Auf das Gewinde der Flasche wird ein Gartenschlauchanschluss aus Kunststoff aufgeschraubt, der normalerweise auf das Gewinde des Wasserhahnes passt. Leider haben beide Gewinde unterschiedliche Steigungen. Erwärme das Gewinde der Flasche mit einem Heißluftfön (2).
Jetzt kannst du die Teile zusammenschrauben (3).

Zum Abdichten der beiden Gewinde kannst du Teflonband benutzen. Wickle es um das Gewinde der Flasche und drehe den Wasserhahnanschluss fest darauf (4).

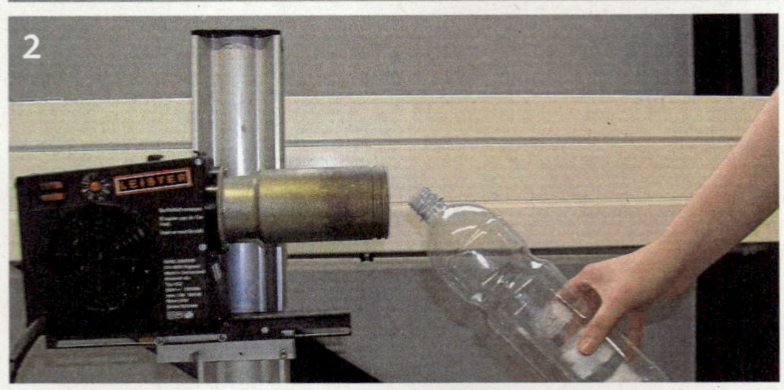

Kriterien der Abschussrampe

Die Abschussrampe sollte so stabil sein, dass die Rakete gut gehalten wird. Sie sollte die Rakete senkrecht nach oben ausrichten, es sei denn, die Rakete soll auf einem großen Platz schräg gestartet werden. Die einfachsten Konstruktionen sind die Besten. Es reicht, wenn das Anschlussteil des Gartenschlauches gut befestigt ist.

Tipps

… zum Bau

- Als feste Basis dient eine dicke Holzplatte von mindestens 40 mal 40 Zentimetern.
- Das Haltegestell kann aus verschiedenen Materialien hergestellt sein. Holz lässt sich am einfachsten bearbeiten.
- Um den äußeren Ring des Gartenschlauchanschlusses nach unten zu ziehen, benutzt du am besten Kabelbinder. Sie lassen sich mit einer Zange so eng ziehen, dass sie nicht abrutschen. Aus ihnen kannst du auch eine Zugvorrichtung herstellen. Je länger diese ist, desto weniger nass wirst du beim Start.
- Zwei Rundholzstäbe, die um die Manschette gelegt werden, halten diese selbstständig. Du kannst so die Hebelwirkung ausnutzen.
- Eine ca. zwei Millimeter starke Kunststoffplatte passt genau zwischen die Kunststoffteile im Gartenschlauchanschluss. Wird diese Vorrichtung nach unten gezogen, löst sich die Rakete.
- Setze in den Gartenschlauch ein Autoreifenventil ein. Ein kostenloses Ventil bekommst du beim Reifenhändler. Schneide das Gummi so zu, dass es in den Schlauch passt und befestige es mit einer Schlauchschelle.
- Für die Druckluft benötigst du eine starke Fahrrad- oder Autoluftpumpe. Sie sollte einen Luftdruckmesser (Barometer) besitzen.

Info

Sicherheitsregeln

- Lass deine Lehrkraft die Flasche mit geringem Druck unter Wasser auf Dichtigkeit prüfen.
- Auch wenn eine PET-Flasche einen sehr hohen Druck aushält, solltest du nicht mehr als vier bar Druck auf die Flasche geben. Probiere deine Rakete erst mit einem geringen Druck aus und erhöhe ihn dann allmählich bei jedem Start. Nicht nur der Druck ist für die Flughöhe entscheidend, sondern auch der Füllstand des Wassers.
- Bis auf den „Starter" halten alle Abstand von der Rakete. Beuge dich nicht direkt über die Flasche.
- Schutzbrille, Helm und Hörschutz schützen vor Unfällen.
- Beobachte die Flugbahn, dann fällt dir nichts auf den Kopf.

25.1 Beispiele für von Schülern gebaute Abschussrampen für Wasserraketen

Aufgabe

Möglichkeit einer Schülerbewertung

Überlegt euch Bewertungskriterien und gewichtet diese. Auf dem Tisch sind Notenstufen eingezeichnet. Ein Schüler rückt die Rakete über die Felder der Noten. Die anderen Schüler heben den Arm, wenn die Rakete die Note erreicht hat, mit der sie bewertet werden soll. Wo die meisten Meldungen sind, bleibt die Rakete stehen. Jetzt kann eine gute Einschätzung vorgenommen werden.

Transportmittel an Land und im Wasser

Ein Boot bauen

Fertigungsarten

Es gibt verschiedene Arten, ein Werkstück herzustellen. Wenn jeder Schüler oder jede Gruppe ein einzelnes Werkstück baut, nennt man es Einzelfertigung. In der Industrie werden Werkstücke meist in Serien- oder Massenfertigung hergestellt, da so auf relativ günstige Art produziert werden kann. Oft ist ein Ar-beiter für bestimmte Arbeitsschritte zuständig. Der Nächste übernimmt das Werkstück für die nächsten Arbeitsschritte.
Durch Arbeitsaufteilung und den Einsatz von Maschinen (Rationalisierung) kann sehr schnell gefertigt werden. Zudem sieht jedes Produkt gleich aus und hat die gleiche Qualität. Teilweise wird auch an einem Fließband gearbeitet. Auf diesem wird das Werkstück immer zum nächsten Arbeiter transportiert. Für die Arbeiter kann diese Art von Arbeit langweilig sein, da sie immer nur das Gleiche tun.

26.1 Fließbandfertigung

Serienfertigung am Beispiel eines Bootes

Kunststoffteile werden in der Industrie meist in Serien- oder Massenfertigung hergestellt. Ihr sollt in der Gruppe einige Boote bauen und überlegen, wie diese am schnellsten gefertigt werden können.
Joghurtbecher, Blumentöpfe, viele Verpackungsmaterialien und andere Gegenstände werden durch Tiefziehen in Form gebracht. Dies ist eine sehr schnelle Art der Kunststoffverarbeitung. Dazu stellen wir einige Formen her, die eine Serienfertigung ermöglichen. In der Industrie werden diese Teile von Werkzeugmachern konstruiert.

Die Herstellung des Rumpfes

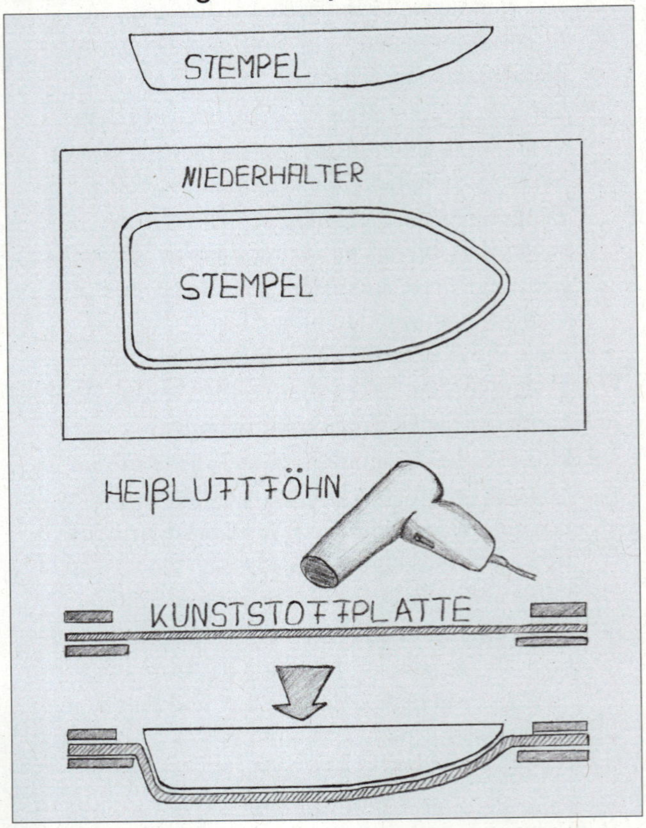

26.2 Fertigungsskizze

Das Boot soll aus zwei Teilen bestehen. Einem Rumpf und einem Deck.

- Stelle einen Stempel aus Holz her. Dieser sieht genauso aus wie der spätere Rumpf.
- Zwei sogenannte „Niederhalter" werden aus Sperrholz gesägt. Der eine ist 5 bis 10 Millimeter größer als der Stempel. Der andere weitere 10 Millimeter größer.
- Verwende eine Kunststoffplatte aus PE, PP, ABS oder einem anderen Thermoplast (warm verformbarem Kunststoff). Sie sollte, je nach Größe deines Bootes, zwischen 0,5 und 2 Millimeter dick und auf die Größe der Niederhalter zugeschnitten sein.
- Fixiere mit mindestens vier Schraubzwingen die Niederhalter mit der Kunststoffplatte. Mit einem Heißluftföhn erhitzt du die Kunststoffplatte gleichmäßig. Achtung! Sie kann bis zu 200 Grad Celsius heiß werden. Arbeite mit Handschuhen!

- Wenn die Kunststoffplatte an jeder Stelle flexibel ist, drückst du den Stempel hinein.
- Drücke so lange, bis der Kunststoff so weit abgekühlt ist, dass er in Form bleibt. Du kannst mit einem feuchten Tuch kühlen.
- Der Stempel wird entfernt, eine neue Kunststoffplatte kann tiefgezogen werden.

Die Herstellung des Decks

Das Deck kann entweder mit Vakuum tiefgezogen oder aus Holz gebaut werden. Für das Vakuumtiefziehen benötigst du ein spezielles Gerät. Auch hierfür stellst du eine Form aus Holz her, die wie das Deck aussieht. Wenn du das Deck aus Holz bauen möchtest, achte darauf, die einzelnen Teile in Serie zu fertigen und zusammenzufügen.
Um das Deck und den Rumpf zusammenzufügen, benötigst du einen speziellen Klebstoff. Zusätzlich kann ein Holzdeck verschraubt oder genietet werden.

Serienfertigung

Die Arbeitsschritte bei deinem Boot sind:
- Herstellung der Niederhalter und der Stempel. Es kann für zwei Serien alles zweimal in einem jeweiligen Team hergestellt werden.
- Fertigung: Die Arbeitsaufgaben werden aufgeteilt (s. Tabelle unten) und ein Probestück gefertigt. Nach diesem ersten Durchlauf wird noch einmal überlegt, ob die Arbeitsaufteilung sinnvoll war.

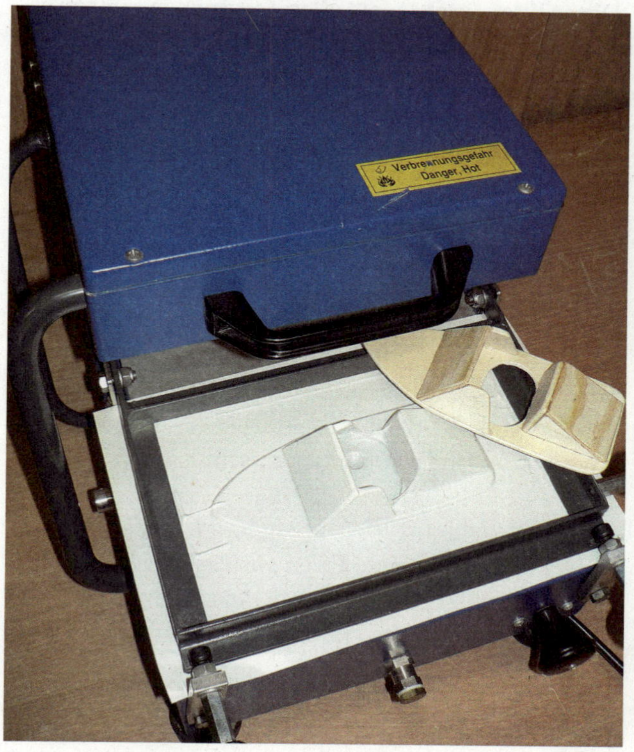

27.1 Vakuumtiefziehgerät

Arbeitsaufteilung	Niederhalter, Kunststoff einspannen	Erhitzen	Stempel eindrücken, tiefziehen	Formen ausschneiden	Zusammenfügen	Qualitätskontrolle
Rumpf 1 Namen:						
Rumpf 2 Namen:						
Deck 1 Namen:						
Deck 2 Namen:						

Aufgaben

1 Beide Teams fertigen um die Wette: Welches Team fertigt mehr Boote in hoher Qualität?

2 Beschreibe die Vor- und Nachteile einer Serienfertigung. Benutze dabei die Begriffe: ökonomisch – Serienfertigung – Fließband – Aufgabenverteilung – Fertigungskosten – Gewinn – Zeitaufwand – Qualität.

3 Erkläre den Unterschied zwischen Serien- und Massenfertigung.

Die Verwendung von Plastik aus ökologischer Sicht

Plastikflaschen-Schiff hat Pazifik-Überquerung geschafft

Die größte Flaschenpost aller Zeiten ist in Sydney angekommen: Der aus 12.500 Plastikflaschen gebaute Katamaran „Plastiki" hat mit seiner sechsköpfigen Crew 15.000 Kilometer über den Pazifik zurückgelegt – mit an Bord: Solarzellen und eine Urin-Aufbereitungsanlage.

Sydney – „Plastiki" ist nach einer viermonatigen Pazifik-Überquerung in Australien angekommen. Zum Abschluss der Reise am Montag begrüßten Hunderte Schaulustige im Hafen von Sydney die sechsköpfige Besatzung. Der Expeditionsleiter und Umweltschützer David de Rothschild sagte, er sei „überwältigt". „Wir sind so aufgeregt, hier zu sein."

Das Schiff war am 20. März in San Francisco in den USA in See gestochen. Es ist aus 12 500 gebrauchten Plastikflaschen gebaut, die mit einem umweltfreundlichen Kleber aus Zucker und Cashewnüssen zusammengefügt wurden. […]

Die Crew wollte mit der Reise auf die verheerenden Folgen des Plastikmülls aufmerksam machen und für die Wiederverwertung des Materials werben. „Jedes Stück Plastik, das seit der Erfindung 1909 produziert wurde, existiert noch, teils in kleinen Partikeln im Ozean", sagte der 31-jährige Rothschild. „Das ist ein unnützes Problem, das wir ganz einfach loswerden können. Den Plastikbecher, die Plastiktüte, die Styrol-Kaffeebecher und -deckel – wir könnten alles sofort verbieten."

„Wir sind mehr als 1000 Seemeilen von der Küste entfernt unter das Boot getaucht und haben die kleinen Sprenkel im Wasser gesehen", sagte er weiter. Das seien keine Mikroorganismen, sondern Plastikfragmente gewesen, die frühestens nach 450 Jahren vollständig zersetzt werden. Wissenschaftler hatten schon vor Jahren im Pazifik eine riesige Plastikmüllhalde entdeckt, die mittlerweile doppelt so groß ist wie der US-Bundesstaat Texas. Im Atlantik gibt es ein ähnliches Müllfeld, mit bis zu 200 000 teils winzigen Plastikstücken pro Quadratkilometer.

Strom aus dem Fahrradgenerator
Die Besatzung teilte sich während der viermonatigen Reise eine 27 Quadratmeter große Kajüte und duschte mit Salzwasser. Strom gewannen die Seeleute aus Solarzellen, Windturbinen und mit Fahrrädern betriebenen Generatoren. Zudem bereiteten die Expeditionsteilnehmer ihren Urin auf, um sich mit Wasser zu versorgen.

(nach: www.spiegel.de/reise/aktuell/0,1518,708463,00.html)

28.1 An einen Strand gespülter Plastikmüll

28.2 Fast alle Elektrogeräte sind aus Kunststoffen hergestellt.

Aufgabe

Kunststoffe sind für uns Fluch und Segen zugleich. Stellt Vor- und Nachteile von Kunststoffen zusammen.

Ein Mausefallenauto bauen

Eine Mausefalle lernt fahren. Wie funktioniert das? Bestimmt hast du schon einmal mit aufziehbaren Autos gespielt. In ihnen befindet sich eine Feder, die durch die Bewegung des Autos aufgezogen wird. Lässt du das Auto los, bewegt es sich. Die Energie, die die Feder gespeichert hat, setzt sich in Bewegung um. Eine Mausefalle hat auch eine Feder, die gespannt wird. Schnappt sie zu, wird die Energie wieder frei.

Prinzip des Mausefallenautos

Eine Mausefalle ist auf einem Auto befestigt. Sie wird gespannt. Über einen Hebelarm zieht sie mit einer Schnur an einer Achse. Die Achse dreht sich, das Auto fährt. Weitere Informationen zum Hebelprinzip findest du auf Seite 33.

Kriterien für das Fahrgestell

Das Fahrgestell sollte möglichst leicht sein. Die Spannenergie der Mausefalle lässt ein sehr leichtes Auto weiter fahren als ein schweres. Deshalb solltest du

- ... möglichst wenig Material verwenden.
- ... ein sehr leichtes Material verwenden, das trotzdem stabil ist.

Die Größe des Autos ist abhängig von der Länge des Hebelarmes. Je länger er ist, desto länger muss auch das Auto sein.

29.1 Rundholzstäbe

Tipp

Wettbewerb
Testet eure Mausefallenautos gegeneinander! Das Auto, das am weitesten fährt, hat gewonnen!

Tipps

... zum Bau

- Als Rahmen eignen sich Rundholzstäbe. Sie sind stabil und leicht. Verschiedene Materialien sind möglich:
  - Bambus ist sehr flexibel und leicht,
  - dünne Kunststoffröhren,
  - etwas dickere Metalldrähte,
  - Zeltstreben aus Kunststoff oder Aluminium,
  - Spielsysteme wie z. B. Lego oder Fischer-Technik.
- Zum Verkleben verschiedener Materialien kannst du einen Kraft- oder Heißkleber benutzen. Aber Achtung: Viel Heißkleber kann auch schwer sein!
- Baue dein Auto lieber etwas länger, kürzen kannst du es später immer noch.
- Beachte: Auch Farbe hat Gewicht!

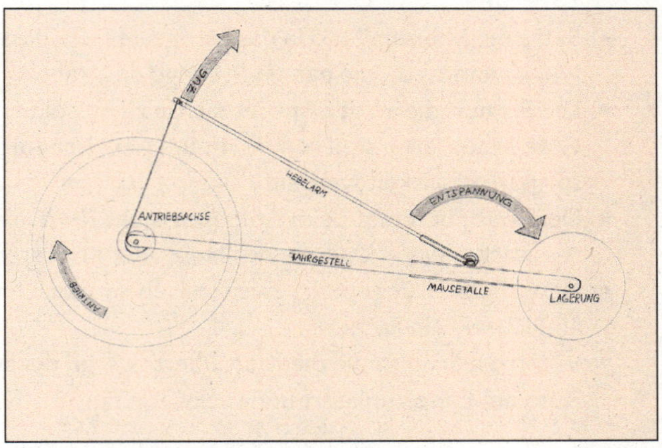

29.2 Skizze des Mausefallenautos

Aufgaben

1 Informiere dich im Internet über Mausefallenautos. Dazu gibt es sehr viele Materialien, sogar Bauanleitungen. Suche auch unter englisch: „mousetrap car".

2 Sammle passendes Material.

3 Zeichne eine Fertigungsskizze deines Autos.

4 Baue und optimiere dein Auto.

5 Veranstalte den Wettbewerb.

6 Gibt es verschiedene Grundkonstruktionen für Antriebsarten?

Kriterien für den Antrieb

- Die Spannenergie der Mausefalle sollte möglichst effektiv genutzt werden.
- Je länger der Hebelarm an der Mausefalle ist, desto länger kann die Kraft der Mausefalle für den Antrieb genutzt werden. Die Kraft wird allerdings kleiner.
- Ist der Hebelarm kurz, hast du kurzzeitig mehr Kraft für den Antrieb.
- Finde die Länge des Hebelarmes heraus, die zum Gewicht und Bauart deines Autos passt.

Es gilt: Das Auto sollte lieber gleichmäßig und langsam, dafür weit fahren.

Kriterien für die Räder

Die Räder spielen eine entscheidende Rolle. Je geringer der Rollwiderstand ist, desto besser. Führe eventuell Versuche an einer Rampe mit verschiedenen Rädern durch. Auch die Räder sollten sehr leicht sein. Überlege dir genau, wie die Räder am Fahrgestell befestigt, gelagert werden. Je weniger Widerstand hier auftritt, desto besser rollt dein Auto.

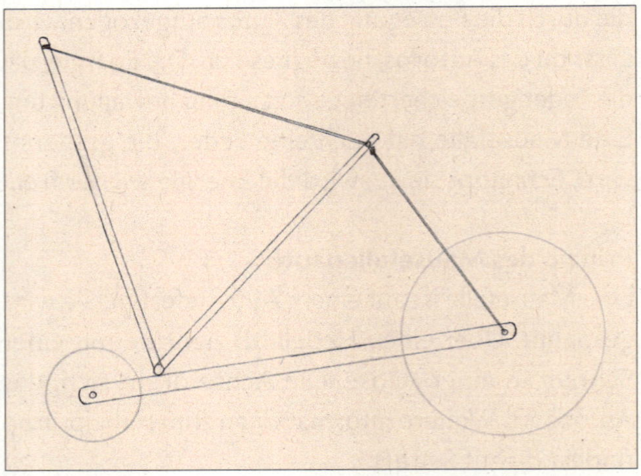

30.1 Kraftumlenkung

Tipps

... zum Bau

- Setze die Mausefalle so in das Fahrgestell ein, dass du die Entfernung zur Antriebsachse verändern kannst. Nur so kannst du die passende Länge des Hebelarmes finden.
- Die Schnur, die an der Antriebsachse zieht, sollte möglichst glatt sein, sonst verwickelt sie sich ungewollt. Gute Materialien sind Nylonschnur (Angelschnur) oder auch Tonband aus einer alten Kassette. Dieses muss sorgsam gewickelt werden.
- Dein Auto benötigt beim Anfahren mehr Kraft, als wenn es einmal in Schwung ist. Du kannst auf die Antriebsachse einen Zylinder aus Holz oder Kork stecken. Er dient als Übersetzung.
- Denke einmal über einen zweiten Hebelarm nach, der nach der Hälfte der Strecke mit hochgezogen wird, ähnlich wie ein Fächer.
- Wenn die Schnur, die die Kraft überträgt, an der Antriebsachse unlösbar befestigt ist, kann es sein, dass dein Auto am Ende umkehrt und rückwärts fährt.

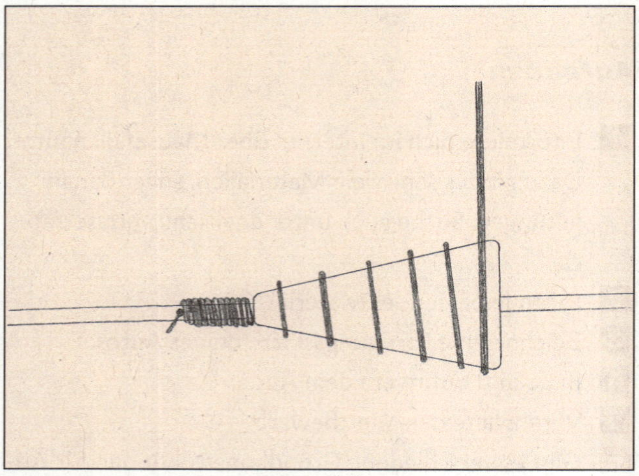

30.2

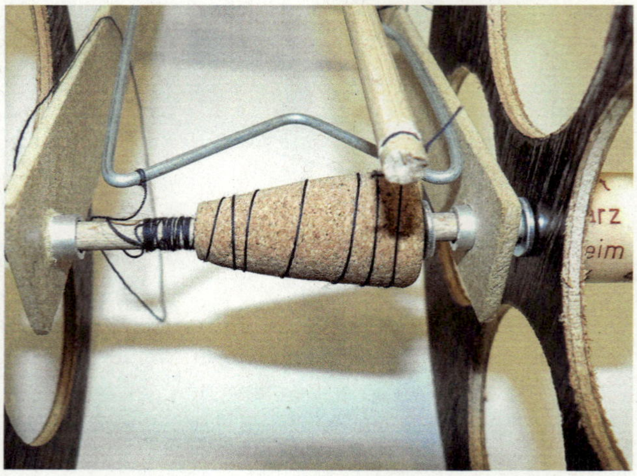

30.3

Tipps

… zum Bau

- Schmale und glatte Räder sind von Vorteil CDs eignen sich gut.
- Räder mit großem Durchmesser rollen besser über Unebenheiten.
- Große Räder kannst du aus leichtem Sperrholz aussägen. Säge ein Rad mit Speiche aus,, so wird das Holz leichter.
- Große Räder kannst du auch aus Styropor schneiden. Die Lauffläche sollte aber beispielsweise durch einen Draht verstärkt werden.
- Wähle für die Lagerung Materialien aus, die geringen Widerstand bieten, z. B. Metall auf Metall oder Kunststoff.
- Dünne Metallröhrchen, in denen Metallachsen stecken, eignen sich gut.
- Kleine Ösen eignen sich auch.
- Besonders gut sind selbst gebaute Lager, z. B. Nadellager.
- Drei Räder rollen leichter als vier.

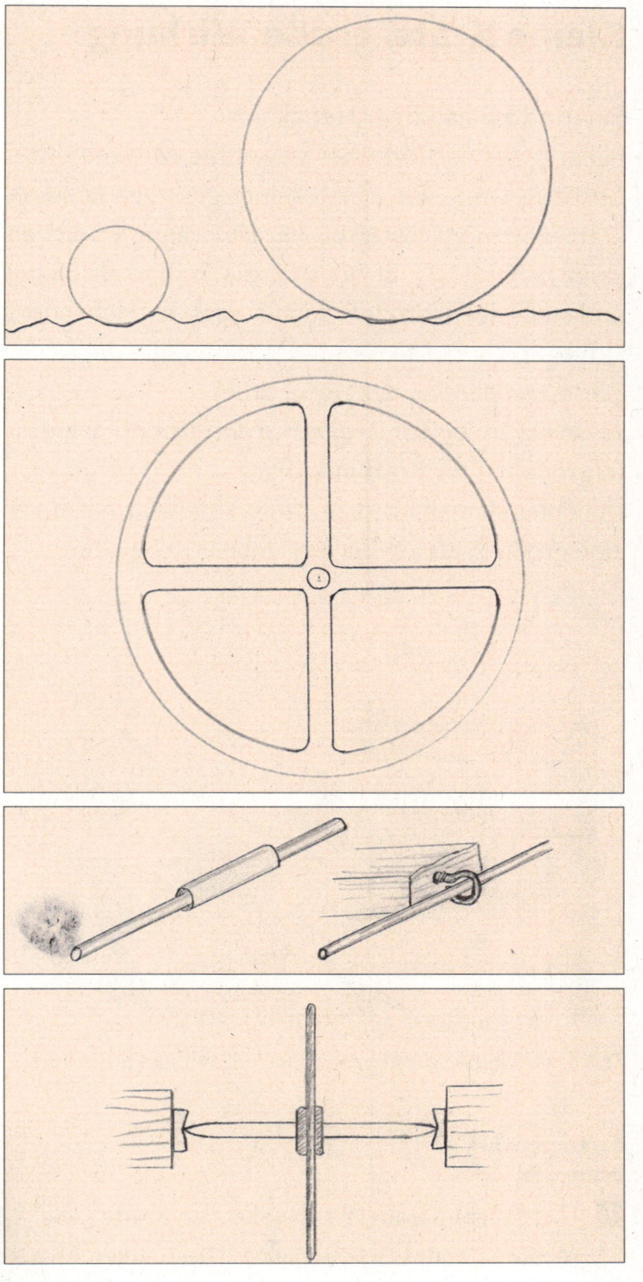

31.1-4

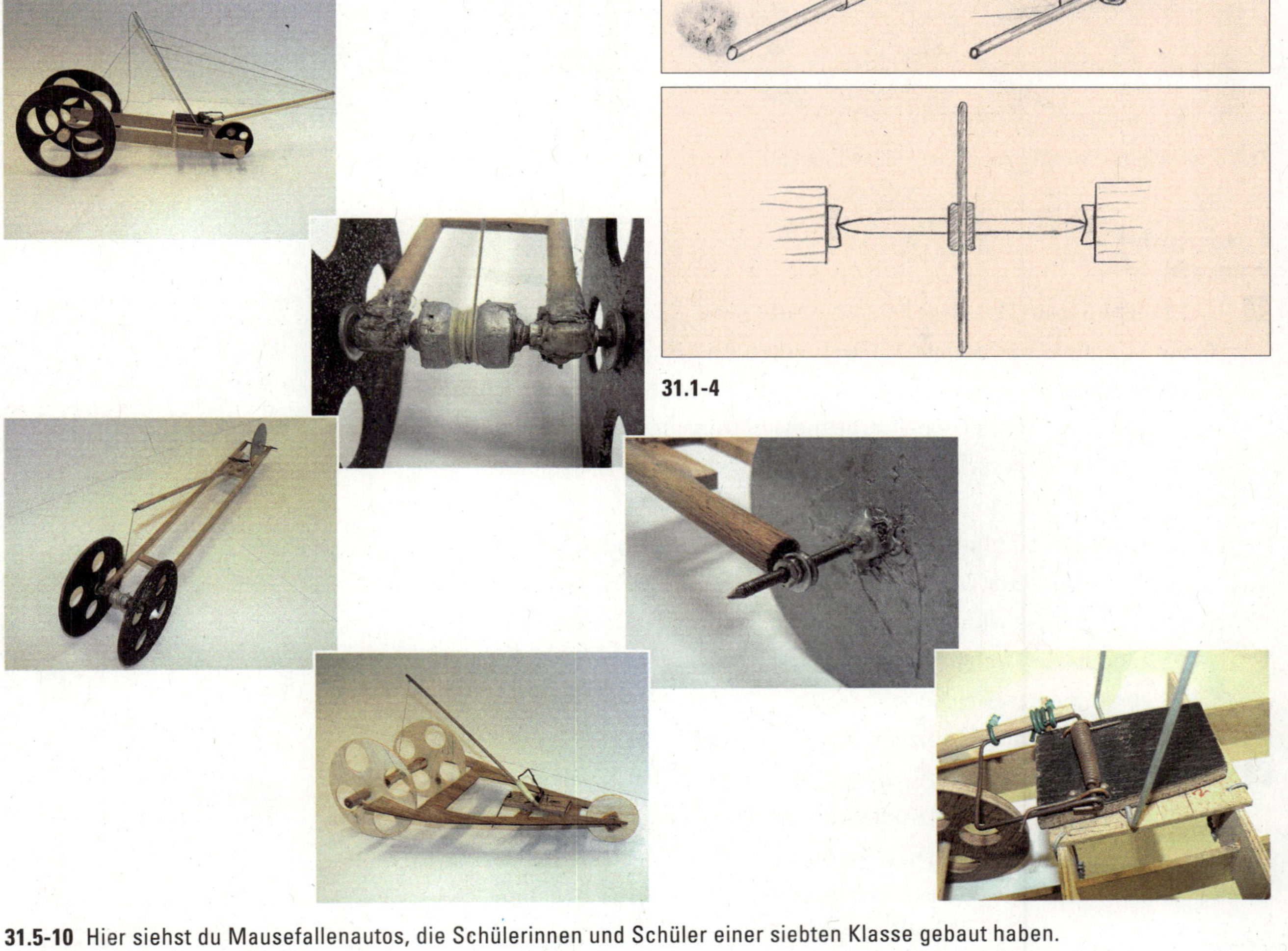

31.5-10 Hier siehst du Mausefallenautos, die Schülerinnen und Schüler einer siebten Klasse gebaut haben.

Kleine Kraft, große Wirkung

Ein- und zweiseitiger Hebel
Nicht jeder verfügt über gewaltige Muskelkräfte. Christian weiß, wie er mit seiner geringen Muskelkraft eine möglichst große Kraftwirkung erreichen kann (Abb. 32.1). Er benutzt die Stange als Hebel und stellt den Holzklotz so auf, dass der Hebel dort aufliegen kann. Die Kante des Klotzes ist die Drehachse, um die sich der Hebel dreht.
Je weiter er von der Drehachse entfernt drückt, desto größer ist die Kraftwirkung.
Mit einer kleinen Kraft am langen Hebelarm kann er eine große Kraft am kurzen Hebelarm bewirken.

Beim **zweiseitigen** Hebel wirken die Kräfte auf beiden Seiten der Drehachse in entgegengesetzter Richtung (Abb. 32.1 a). Wird die Stange zum Hochheben unter den Schrank geschoben, so liegt die Drehachse am Ende der Stange auf dem Fußboden. Es ist dann ein **einseitiger** Hebel. Beim einseitigen Hebel wirken die Kräfte auf derselben Seite der Drehachse in die gleiche Richtung (Abb. 32.1 b).
Bei beiden Hebelarten merkt man, dass eine kleine Kraft am längeren Hebelarm die gleiche Wirkung hervorruft wie eine größere Kraft am kürzeren Hebelarm.

32.1 Prinzip des zweiseitigen (a) und einseitigen (b) Hebels

Aufgaben

1 Untersucht die am Hebel wirkenden Kräfte (Abb. 32.2). Hängt an die rechte Seite des Hebels in einem bestimmen Abstand von der Drehachse ein Massestück an. Befestigt an der linken Seite der Reihe nach an verschiedenen Stellen einen Kraftmesser. Messt jeweils die Kraft, die den Hebel waagerecht hält und den dazugehörenden Abstand zur Drehachse.
a) Formuliert den Zusammenhang zwischen der wirkenden Kraft und der Entfernung zur Drehachse in einem Je-desto-Satz.
b) Multipliziert die wirkenden Kräfte mit den dazugehörenden Abständen zur Drehachse. Was stellt ihr fest? Formuliert das Ergebnis in einer Gleichung.

2 Erkläre die Redensart: Er sitzt am längeren Hebel.

3 Eine Schere ist ein Beispiel für einen zweiseitigen Hebel, einen einseitiger Hebel stellt z. B. ein Nussknacker dar. Finde weitere Beispiele für ein- und zweiseitige Hebel aus dem Alltag.

4 Begründe, warum Blechscheren lange Griffe, aber kurze Schneiden haben.

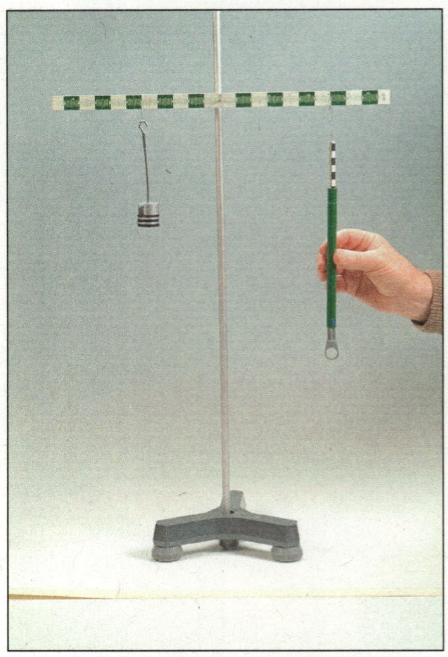

32.2

Geschwindigkeitsmessung

33.1 Wie schnell ist das Auto?

Florian möchte die Geschwindigkeit seines ferngesteuerten Autos bestimmen. Dazu braucht er eine Strecke, die er vorher mit einem Metermaß abgemessen und markiert hat. Florian hat 80 Zentimeter abgemessen. Dann misst er mit einer Stoppuhr die Zeit, die das Auto für diese Strecke benötigt, und erhält vier Sekunden (Abkürzung: 4 s). Damit berechnet er, wie weit es pro Sekunde gefahren ist. Er nutzt folgende Formel:

$$\text{Geschwindigkeit} = \frac{\text{zurückgelegter Weg}}{\text{benötigte Zeit}}$$

Im Beispiel ergibt sich also $\frac{80\ \text{cm}}{4\ \text{s}} = 20\ \frac{\text{cm}}{\text{s}}$.
Als Formel schreibt man dafür kurz: $v = \frac{s}{t}$.

Dabei bedeuten die Buchstaben:
- *v:* Geschwindigkeit (lat. velocitas)
- *s:* Strecke (lat. spatium)
- *t:* Zeit (lat. tempus)

Für das Beispiel mit Florians Auto kann man ganz kurz schreiben:
$s = 80\ \text{cm},\ t = 4\ \text{s},\ v = \frac{s}{t} = \frac{80\ \text{cm}}{4\ \text{s}} = 20\ \frac{\text{cm}}{\text{s}}$

Damit man verschiedene Geschwindigkeiten gut miteinander vergleichen kann, sollten sie die gleichen Einheiten haben. Im Alltag ist das meistens die Einheit Kilometer pro Stunde ($1\ \frac{\text{km}}{\text{h}}$) oder Meter pro Sekunde ($1\ \frac{\text{m}}{\text{s}}$). Die Einheiten lassen sich ineinander umrechnen. Beachte dabei, dass eine Stunde 3 600 Sekunden und ein Kilometer 1 000 Meter hat.

Ein paar Beispiele:

$$200\,000\ \frac{\text{m}}{\text{h}} = 200 \cdot 1000\ \frac{\text{m}}{\text{h}} = 200\ \frac{\text{km}}{\text{h}}$$

$$60\,000\ \frac{\text{mm}}{\text{min}} = 60 \cdot \frac{1000\ \text{mm}}{60\ \text{s}} = \frac{60\ \text{m}}{60\ \text{s}} = 1\ \frac{\text{m}}{\text{s}}$$

$$72\ \frac{\text{km}}{\text{h}} = 72 \cdot \frac{1000\ \text{m}}{3600\ \text{s}} = \frac{72\,000\ \text{m}}{3600\ \text{s}} = 20\ \frac{\text{m}}{\text{s}}$$

Disziplin	Zeit	Sportler	Land	Datum	Ort
100 m	9,58 s	Usain Bolt	JAM	16.08.2009	Berlin
200 m	19,19 s	Usain Bolt	AM	20.08.2009	Berlin
400 m	43,18 s	Michael Johnson	USA	26.08.1999	Sevilla
5000 m	12:37,35 min	Kenenisa Bekele	ETH	31.05.2004	Hengelo
10000 m	26:17,53 min	Kenenisa Bekele	ETH	26.08.2005	Brüssel
Marathon	2:03:59 h	Haile Gebrselassie	ETH	28.09.2008	Berlin

33.2 Auswahl der Leichtathletik-Weltrekorde bei den Herren

Aufgaben

1 Laufe auf einem Sportplatz 10 Minuten und bestimme die Strecke. Rechne deine Geschwindigkeit aus und gib diese auch in der Einheit Kilometer pro Stunde an.

2 Berechne die Geschwindigkeiten der Leichtathleten aus der Tabelle (Abb. 33.2).

3 Wie unterscheidet sich die Durchschnittsgeschwindigkeit von der Momentangeschwindigkeit eines sich bewegenden Körpers? Recherchiere.

4 Ermittle die Geschwindigkeit deines Mausefallenrenners, die er während der ersten 10 Meter nach dem Start besitzt.

5 Wie muss man vorgehen, um zumindest näherungsweise die Momentangeschwindigkeit eines Körpers zu bestimmen?

Messwerte darstellen

So wie Florian die Geschwindigkeit seines ferngesteuerten Autos bestimmt hat, so könnt ihr auch die Geschwindigkeit eurer Mausefallenrenner ermitteln. Richtet dazu eine Messstrecke ein, auf der ihr verschiedene, gleich große Abschnitte (z. B. ein Meter) markiert. Messt nun die Zeit, die das Fahrzeug bis zur ersten, zweiten, dritten usw. Markierung braucht und tragt die Werte in eine Excel-Tabelle ein.

Eine Tabelle ist eine einfache Art, Messwerte darzustellen. Eine weitere Möglichkeit ist die Darstellung in einem Diagramm:

- Markiere dazu die Werte der Tabelle und starte über „Einfügen“ und „Diagramm“ den Diagrammassistenten.
- Wähle im ersten Schritt als Diagrammtyp ein Punktdiagramm und klicke auf weiter.
- Wähle das Registerblatt „Datenreihe bearbeiten“ aus. Die X-Werte sollen der Spalte „Zeit“ entnommen werden, die Y-Werte der Spalte „Strecke“.
- Diagrammtitel und die Namen der Achsen kannst du im nächsten Schritt eingeben.

Wenn du nun auf „Fertig stellen“ klickst, wird dein Diagramm in das Tabellenblatt eingefügt.

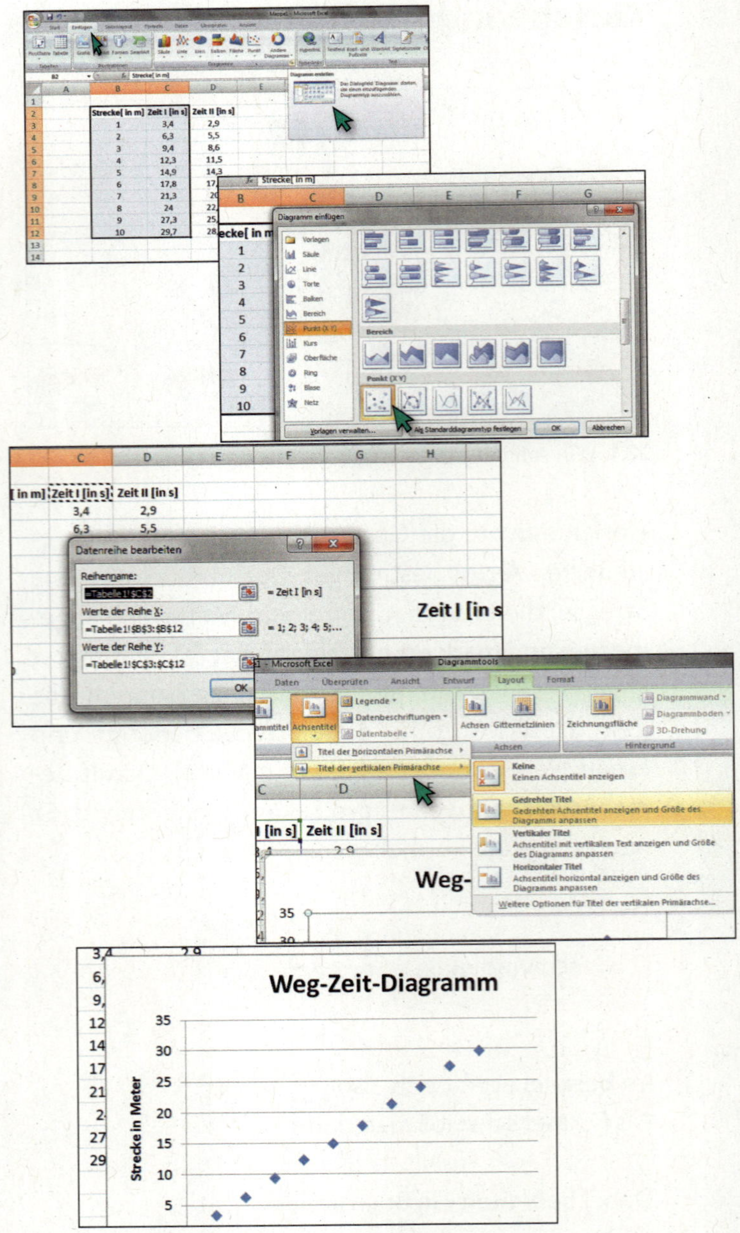

Mehrere Messreihen darstellen

Wenn ihr eure Messwerte mit denen der anderen Gruppen vergleichen wollt, könnt Ihr das auch mithilfe des Diagramms lösen.

- Füge dazu eine weitere Spalte zu deiner Tabelle hinzu, in die die Werte der anderen Gruppe eingetragen werden.
- Klicke mit der rechten Maustaste auf einen Datenpunkt und wähle die Option „Datenquelle“.
- Klicke im Register Reihe auf „hinzufügen“ und wähle aus der Tabelle die Datenbereiche für die X- und Y-Werte.

Strecke[in m]	Zeit I [in s]	Zeit II [in s]
1	3,4	2,9
2	6,3	5,5
3	9,4	8,6
4	12,3	11,5
5	14,9	14,3
6	17,8	17,1
7	21,3	20
8	24	22,6
9	27,3	25,4
10	29,7	28,2

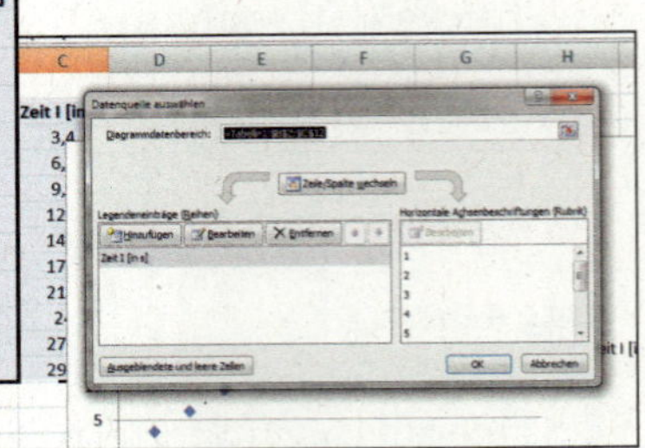

Aufgaben

1 Vergleiche die Lage der Datenpunkte in deinem Diagramm. Beschreibe, was dir dabei auffällt.

2 Wie hängen die Lage der Punkte und die Geschwindigkeit des Fahrzeugs zusammen?

3 Recherchiere, was eine Trendlinie ist. Nutze die programmeigene Hilfe, um den Datenreihen eine Trendlinie hinzuzufügen.

Funktionsprinzip eines Luftkissenfahrzeugs

Am wenigsten wird eine Bewegung gebremst, wenn die Reibung möglichst klein ist. Dies ist bei einem Luftkissenfahrzeug (engl. Hovercraft) der Fall: Ein starker Ventilator (3) bläst Luft (2) unter das Fahrzeug, sodass dieses über dem Boden schwebt.

Lediglich eine bewegliche Schürze (4), die das Luftpolster begrenzt, berührt den Boden.
Der Antrieb eines Luftkissenfahrzeugs erfolgt mit Propellern (1) und die Steuerung mithilfe von Luftrudern.

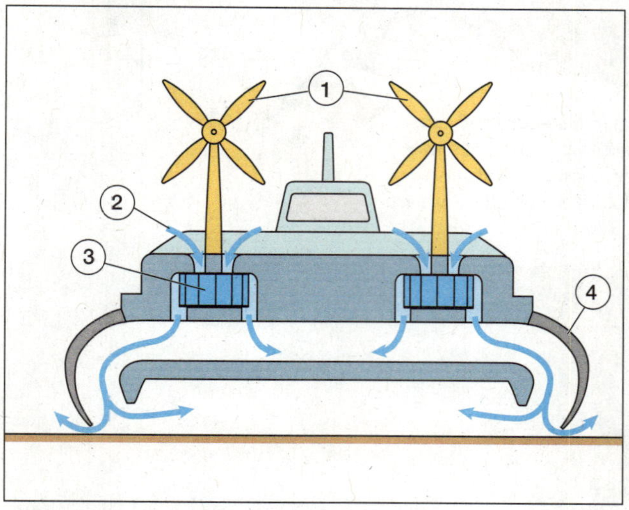

35.1 Funktionsweise eines Luftkissenfahrzeugs

35.2 Luftkissenfahrzeug auf dem Wasser

Experimente rund um das Luftkissenfahrzeug

Versuch 1: Gleiten auf einem Luftkissen
Für das Experiment benötigt ihr zwei gleiche Trinkgläser. Eines davon stellt ihr zunächst zwei Minuten mit der Öffnung nach unten in heißes Wasser (Füllhöhe ca. 1 cm). Danach stellt ihr beide Gläser mit der Öffnung nach unten auf ein großes Brett (oder auf einen Tisch) und neigt dieses so stark, bis eines der Gläser zu rutschen beginnt.

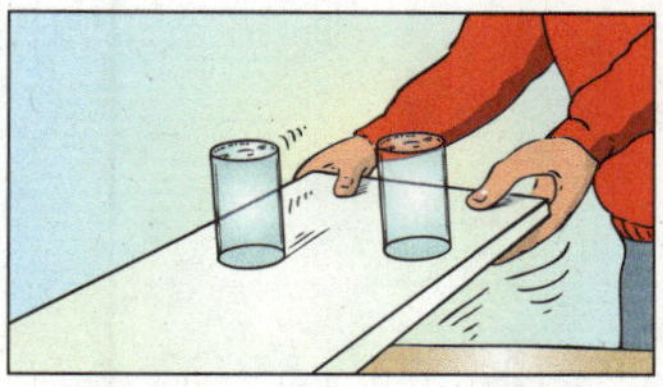

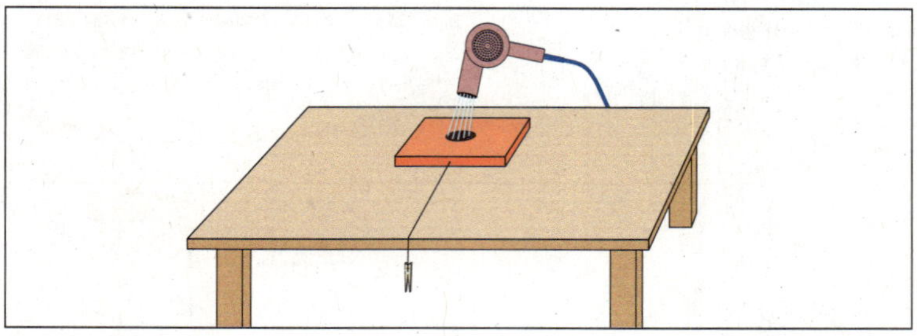

Versuch 2: Bau eines Modellfahrzeugs
Befestige einen Faden am Deckel einer Pralinenschachtel, in die du ein etwa 6 cm großes Loch geschnitten hast. Das andere Ende des Fadens wird mit einer Wäscheklammer beschwert und über die Tischkante gehängt. Blase kräftig in das Loch.

Aufgaben

1 Welches der beiden Gläser in Versuch 1 beginnt als erstes zu rutschen? Findet eine Erklärung.

2 Nutzt euer Modellfahrzeug aus Versuch 2 für einen Wettkampf. Gewonnen hat das Team, das den Luftkissengleiter bis zur gegnerischen Tischgrenze pustet. Tretet in Zweierteams gegeneinander an.

Ein Luftkissenfahrzeug entsteht

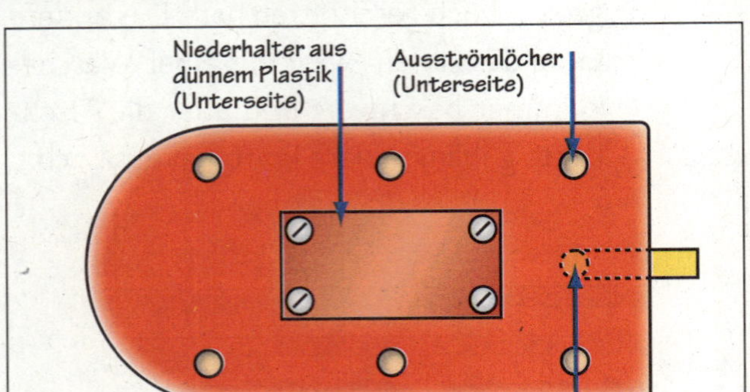

35.4 Draufsicht

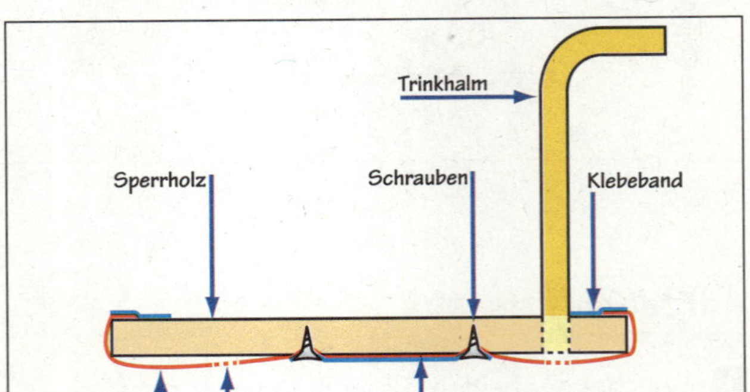

35.5 Seitenansicht im Schnitt

Tipps

- Baut am besten zusammen mit mehreren.
- Verwendet eine dicke Folie evtl. auch mit Gewebe (z. B. eine Lkw-Plane).
- Die Folie könnt ihr gut mit doppelseitigem Klebeband, Gewebeklebeband und mit einem Tacker befestigen.
- Damit die Folie in der Mitte der Unterseite nicht flattert, müsst ihr sie mit einem Plastikstreifen auf dem Holz fixieren.
- Mit flexiblen PVC-Rohren aus dem Baumarkt oder einem alten Staubsaugerschlauch könnt ihr leicht den Luftstrom lenken.
- Eine elektrische Luftpumpe oder ein Laubgebläse erzeugen gute Luftpolster.
- Bei Verwendung von Benzinmotoren oder mithilfe einer Autobatterie braucht ihr kein Zuleitungskabel.
- Bei Industriestaubsaugern kann der Luftstrom umgedreht werden. Sie eignen sich für kleinere Boards oder für Modelle.
- Die Ausströmlöcher auf der Folie müssen exakt rund sein. Am besten ihr stanzt sie mit einem Locheisen.

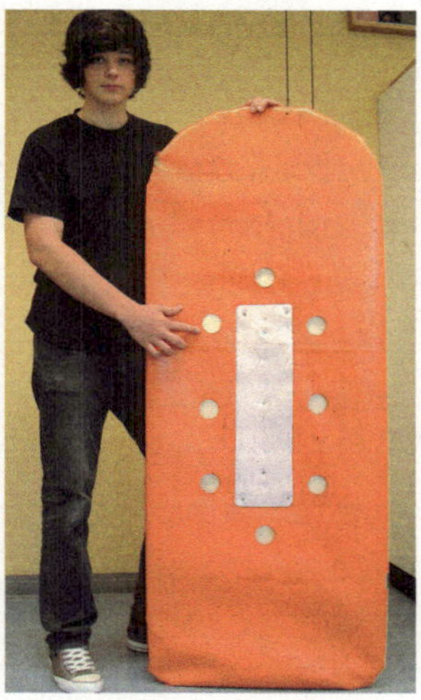

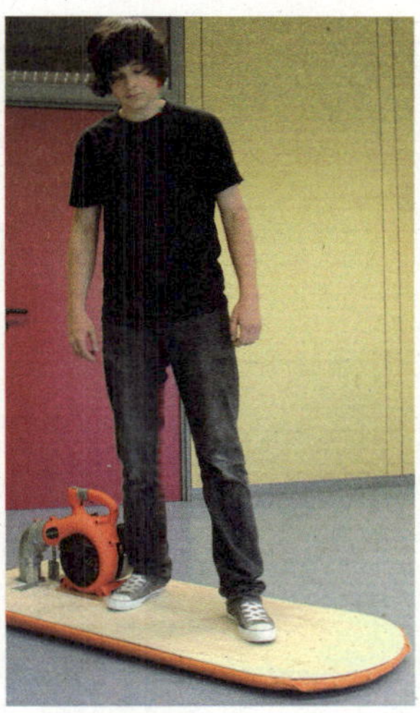

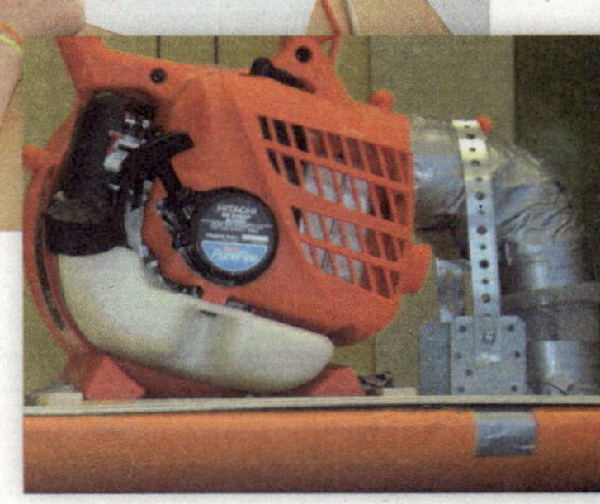

Aufgaben

1 Suche in den Bildern die einzelnen Bestandteile und kennzeichne sie.

2 Informiere dich über das Funktionsprinzip auf Seite 35.

Das Bewerbungsschreiben

Das Anschreiben sollte sich an der „DIN-Norm 5008 für Geschäftsbriefe orientieren“:

- Linker Seitenrand 2,41 cm.
- Die Anschrift beginnt 4,5 cm unter dem oberen Seitenrand. Damit wird die Anschrift so positioniert, dass sie in einem Fensterumschlag gelesen werden könnte.

Datei → Seite einrichten: Rand oben: 2,5 cm
Rand links: 2,41 cm, unten: 2 cm, rechts: 2,5 cm

So formatierst du den Absatz:

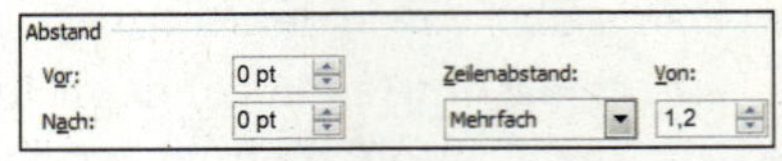

Aufgabe

Fülle den Vordruck für die Bewerbung bei der Firma Holz & Span aus.

Schriftart: Arial, 12 pt
Absender durch eine Linie von der Anschrift getrennt.

Schriftart und Größe beibehalten. Nicht fett!
Ansprechpartner nennen.

Datum ohne das Wort „den“!

Kein „Betreff“, aber fett!
Blocksatz oder linksbündig,
Hinweis auf Inhalt und Infoquelle des Schreibens.

Anrede nicht fett.
Persönliche Anrede oder: Sehr geehrte Damen und Herren,

Am besten Blocksatz
Eigene Stärken hervorheben.
Starkes Interesse glaubhaft darstellen.
Praktika/Fähigkeiten/Leistung angeben und erläutern.

Interesse für die Firma zeigen und dass man sie gut findet.

Wichtig: Hinweis auf ein Vorstellungsgespräch.

Grußformel nicht abkürzen!

Wichtig: Unterschrift und Hinweis auf Anlagen nicht vergessen.

____
____
____
____

Firma Holz & Span GmbH
Frau Baum
Waldstr. 5
99966 Musterstadt

____________, ________

Bewerbung um einen Ausbildungsplatz als ____________
Ihre Stellenanzeige im Musterstädter Anzeiger vom 21.04.2011

Sehr geehrte Frau Baum,

____
____
____
____
____
____
____
____
____

Ich würde mich freuen, eine Stelle in Ihrem innovativen Unternehmen zu erhalten.

Bitte geben Sie mir Gelegenheit, mich persönlich vorzustellen.

Mit freundlichen Grüßen

____

Anlagen: Lebenslauf
Zeugnis

Mein Lebenslauf

Du hast schon dein Anschreiben verfasst und hast angegeben, dass dein Zeugnis (natürlich schickst du nur eine Kopie!) und dein Lebenslauf dem Anschreiben anhängen.

Tipp

Dein Anschreiben sollte auf eine Din-A4-Seite passen, dazu noch übersichtlich, persönlich treffend formuliert und deine Stärken betonend gestaltet sein.

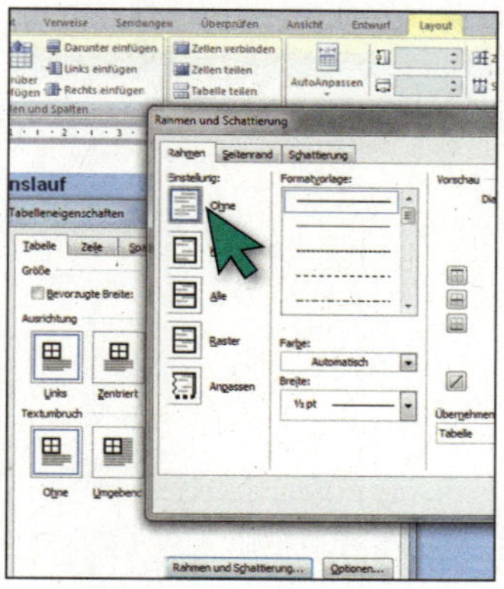

Aufgabe

Fülle den Lebenslaufvordruck für deine Bewerbung aus.
Gestalte auch einen Lebenslauf im Textverarbeitungsprogramm des Computers, den du speichern und für eine spätere Bewerbung, z. B. für die Bewerbung um einen Praktikumsplatz, ausdrucken kannst.
Bei der Gestaltung mit Word erhältst du ein ansprechendes Layout, wenn du eine Tabelle anlegst und unter „Rahmen und Schattierungen" den Punkt „Ohne" wählst. Dann sieht man das Gitternetz im Ausdruck nicht.

Lebenslauf		
Name:		Passfoto aufkleben. Das Foto kann auch auf einem Deckblatt stehen.
Anschrift:		
Telefon:		
E-Mail:		
Geburtsdatum:		
Eltern:		
Schulen:	_____ – _____ Grundschule in __________ _____ – _____ Realschule plus in __________	
Geplanter Schulabschluss:	Juli 20 . .	
Praktikum:		
Kenntnisse:	Computer: Sprachen:	

Musterstadt, 27. April 20 . .

Unterschrift ______________________________

Berufe im Lernfeld

	Stahlbetonbauer/-in	Mechatroniker/-in	Bachelor of Engineering für Kunststofftechnik
Aufgabenfeld	Formgebung von Beton, Verschalungen herstellen, Instandhaltung, Häuserdämmung …	Installation, Inbetriebnahme und Wartung von Steuerungstechnik, Diagnose und Fehlersuche in technischen Anlagen …	Herstellung und Weiterverarbeitung von Kunststoffen und deren Anwendung …
Kompetenzen	Teamfähigkeit, räumliches Vorstellungsvermögen, Geschicklichkeit, Verant wortungsbewusstsein, Schwindelfreiheit, Witterungsunempfindlichkeit, Freude an Maschinen, zeichnerische Fähigkeit …	Räumliches Vorstellungsvermögen, logisch-systematisches Vorgehen, Konzentrationsfähigkeit, Zusammenhänge denken, Verständnis für technische Steuerungsvorgänge, Ausdauer, Gründlichkeit, Fremdsprache Englisch …	Interesse an Kunststoffen und deren Einsatzmöglichkeiten, Genauigkeit, technisches Vorstellungs- und Konstruktionsvermögen, Planung von Produktionsabläufen, naturwissenschaftliche Kenntnisse (v. a. Chemie und Physik), Englischkenntnisse …
Notwendiger Abschluss	Mindestens Berufsreife	Mittlere Reife	(Fach-) Hochschulreife,

Aufgaben

1 Schreibe zu folgenden Berufen die Türschilder: Maurer/-in, Zerspanungsmechaniker/-in, Mechatroniker/-in, Anlagenmechaniker/-in für Sanitär, Heizungs- und Klimatechnik, Fluggerätmechniker/-in, Verfahrensmechaniker/-in, Informatiker/-in, Maschinenbau – Bachelor of Engineering.

2 Welche Berufe würden zu dir passen? Begründe.

3 Finde weitere Berufe, die zu den im Heft beschriebenen Projekten passen. Erstelle jeweils einen Steckbrief.

R Rückspiegel: Überprüfe deine Kompetenzen

Kompetent?

Du siehst in diesem Pfeil den Verlauf des Projektes. Deine Kompetenzen konntest du an einer oder an mehreren Stellen ausbauen oder neue Kompetenzen erwerben. Beurteile dich ehrlich! Nur so kannst du erkennen, in welchem Bereich du noch weiter an dir arbeiten solltest.

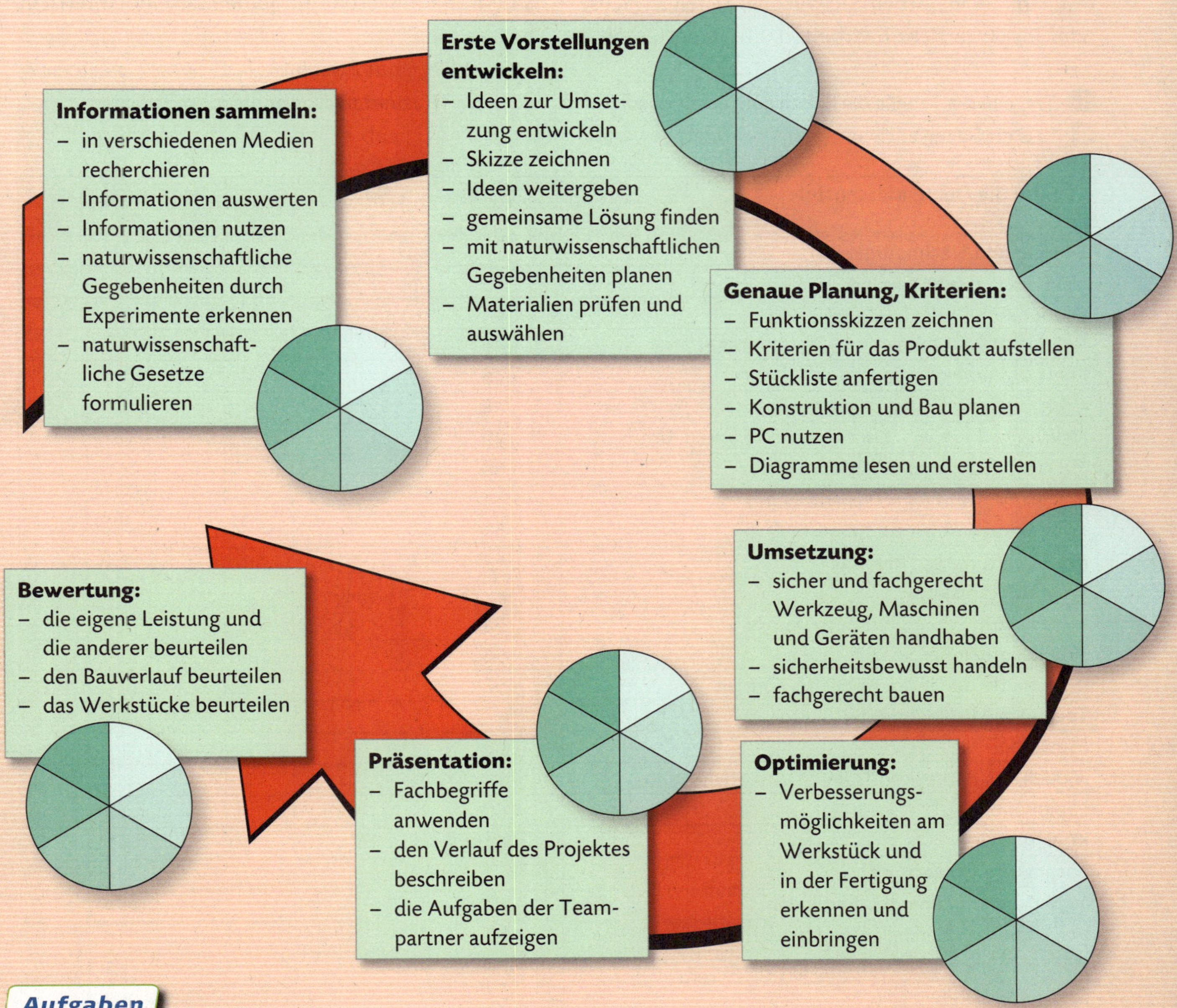

Aufgaben

1 Zu jedem einzelnen Projektschritt sind die Kompetenzen formuliert. Schraffiere im jeweiligen Kreisdiagramm, wie gut du diese Kompetenzen beherrschst. Ein voller Kreis bedeutet, dass du an dieser Kompetenz nichts mehr verbessern kannst.

2 Schreibe die Kompetenzen, die du besonders gut kannst, auf ein Blatt Papier.

3 Schreibe einzelne Kompetenzen auf, die du im 8. Schuljahr verbessern möchtest.

4 Hefte diese Bewertungsseite und das beschriftete Blatt in deine Kompetenzmappe.

5 Suche in verschiedenen Medien, z.B. auf www.planet-beruf.de, nach Berufen, die zu deinen Kompetenzen passen. Gestalte durch Zeichnungen, Fotos usw. ein Blatt für deine Kompetenzmappe und stelle sie dadurch vor.

Energie und Nachhaltigkeit

Laufzettel

Ab hier findest du Informations- und Arbeitsseiten für die 8. Klasse. Zur besseren Übersicht vermerkst du die erledigten Seiten auf diesem Blatt und bewertest damit deine Arbeit. Du wirst die Seiten zu Hause oder im Unterricht bearbeiten. Entweder erhältst du dafür Zeit oder du bearbeitest die Blätter dann, wenn dein Team deine Arbeitskraft gerade nicht benötigt. Am Ende sollen alle Seiten bearbeitet sein. Einige Seiten werdet ihr gemeinsam im Unterricht bearbeiten.

1 Trage in die Tabelle die Seiten ein, die du erledigt hast, und bewerte deine Leistung anhand der Smileys.

2 Lass die Seiten auch von deiner Lehrkraft bewerten.

Plan für die siebte Klassenstufe	Seite	Datum	Bewertung ☺☺	☺	😐	☹
Energie und Nachhaltigkeit						
Nachdenken über Energie	43					
Woher kommt die Energie?	44					
Regenerative (erneuerbare) Energieträger	45					
Energieumwandlungen	46					
iB Benutzerdefinierte Animationen	48					
Elektrische Energie – Ein Generator erzeugt Strom	49					
öB Der ökologische Fußabdruck	50					
öB Deutschland wird Ökostromland	51					
Kurzreferat	52					
iB Bewertung des Referats	53					
Projektorganisation						
Ideenkiste	54					
Arbeitsaufteilung	56					
iB Abläufe darstellen mit Auto-Formen	57					
Technische Problemfelder						
Musterbau	58					
Modell aus Pappe konstruieren und analysieren	59					
„Spionage“	60					
Konstruktion	61					
Technische Umsetzung						
Materialien miteinander verbinden	62					
Verbindungen herstellen und bewerten	64					
Wie erhöhe ich den Wirkungsgrad?	66					
Lehrgang: Löten	68					
Projektauswertung						
Messverfahren	70					
Spannungen messen	71					
iB Ein Drehbuch für eine Präsentation erstellen	72					
Eigen- und Fremdbewertungen	73					
BO Was mache ich im Praktikum?	74					
BO Überprüfe deine Kompetenzen	76					
BO Berufe im Bereich Energie	78					
R Rückspiegel: Klassenarbeit	79					

Nachdenken über Energie

43.1

43.2

43.3

43.4

Aufgaben

1 Wähle eine Karikatur aus und beschreibe sie.

2 Deute und bewerte sie.

3 Präsentiert die Karikatur möglichst kreativ, z. B. durch Dialoge oder weitere Zeichnungen oder ein Rollenspiel.

Woher kommt die Energie?

Unser gesamtes Leben wird durch Energie bestimmt. Ohne Energie funktioniert die Wohnungsheizung nicht und eine Fahrt mit dem Auto oder der Bahn ist ohne Energie nicht möglich. MP3-Player oder Computer brauchen elektrischen Strom. Damit dieser aus der Steckdose kommt, ist ebenfalls Energie erforderlich.
Wie kann diese Energie bereitgestellt werden und welche Vor- und Nachteile haben die unterschiedlichen Verfahren?

Fossile (nicht erneuerbare) Energieträger

In Deutschland werden weit mehr als 50 Prozent des Stroms aus den nicht erneuerbaren fossilen Energieträgern Kohle, Erdöl und Erdgas hergestellt. Entstanden sind diese Stoffe vor vielen Millionen Jahren. Während Erdöl und Erdgas aus winzigen abgestorbenen Kleinstlebewesen der Meere entstanden sind, geht man bei Kohle davon aus, dass sie aus früheren Urwäldern hervorgegangen ist, die im Wasser versanken. Über den abgestorbenen Lebewesen lagerten sich im Laufe der Zeit Schlamm- und Gesteinsmassen ab, sodass kein Sauerstoff mehr hinzutreten konnte. Über einen langen Zeitraum hinweg und unter dem Einfluss von hohem Druck, hohen Temperaturen und unter Sauerstoffausschluss wandelten Bakterien die abgestorbenen organischen Stoffe in Erdöl und Erdgas um (Abb. 44.1). Die Entstehung von Kohle aus Urwäldern verlief ähnlich. Da die beschriebenen Energieträger unter zum Teil schwierigen Bedingungen unterirdisch gewonnen werden, spricht man auch von fossilen Rohstoffen (von lat. fossilis „(aus)gegraben").

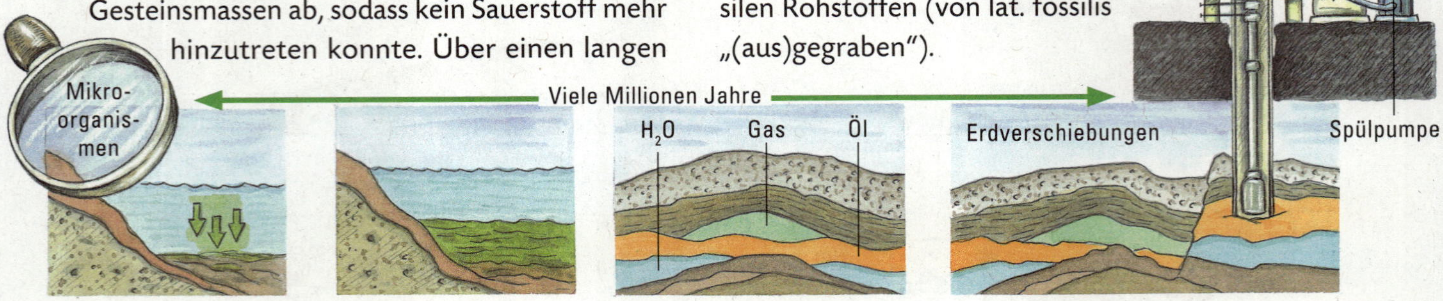

44.1 Entstehung von Erdöl und Erdgas

Nachteile der fossilen Brennstoffe

In Wärmekraftwerken wird durch die Verbrennung von Kohle, Erdöl oder Erdgas die früher gespeicherte Sonnenenergie frei. Dabei entsteht Kohlenstoffdioxid, das den natürlichen Treibhauseffekt und damit den Klimawandel verstärkt. Außerdem enthalten die Rauchgase Staub, Schwefeldioxid und Stickstoffoxide. Die Energieträger sind nach dem Verbrennen verbraucht. Kohle, Erdöl und Erdgas gehören also zu den nicht erneuerbaren Energieträgern. Ihre Vorräte sind begrenzt (Abb. 44.2).

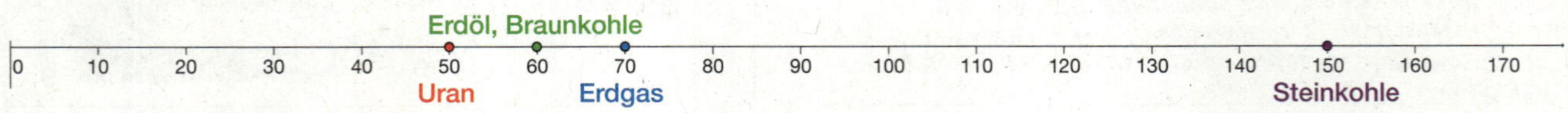

44.2 Reichweite (in Jahren) fossiler Brennstoffe beim gegenwärtigen Verbrauch

Aufgaben

1 Beschreibe: Aus welchen Stoffen sind Erdöl und Erdgas entstanden, woraus Kohle?

2 Unter welchen Bedingungen sind die fossilen Rohstoffe entstanden?

3 Erkläre: Was bedeuten die Begriffe organische, nachwachsende und fossile Rohstoffe?

Regenerative (erneuerbare) Energieträger

Der größte Teil der weltweit benötigten Energie wird heute aus fossilen Brennstoffen gewonnen. Da der Vorrat an diesen Brennstoffen jedoch begrenzt ist, ist die Entwicklung neuer Technologien unumgänglich. Ein Weg ist die Nutzung erneuerbarer (regenerativer) Energieträger wie z. B. Wasser, Wind, Biomasse und Abfallstoffe. Die regenerativen Rohstoffe sind unerschöpflich, umweltfreundlich und helfen, Brennstoffe einzusparen.

Die wichtigsten regenerativen Energieträger sind im Folgenden grafisch dargestellt.

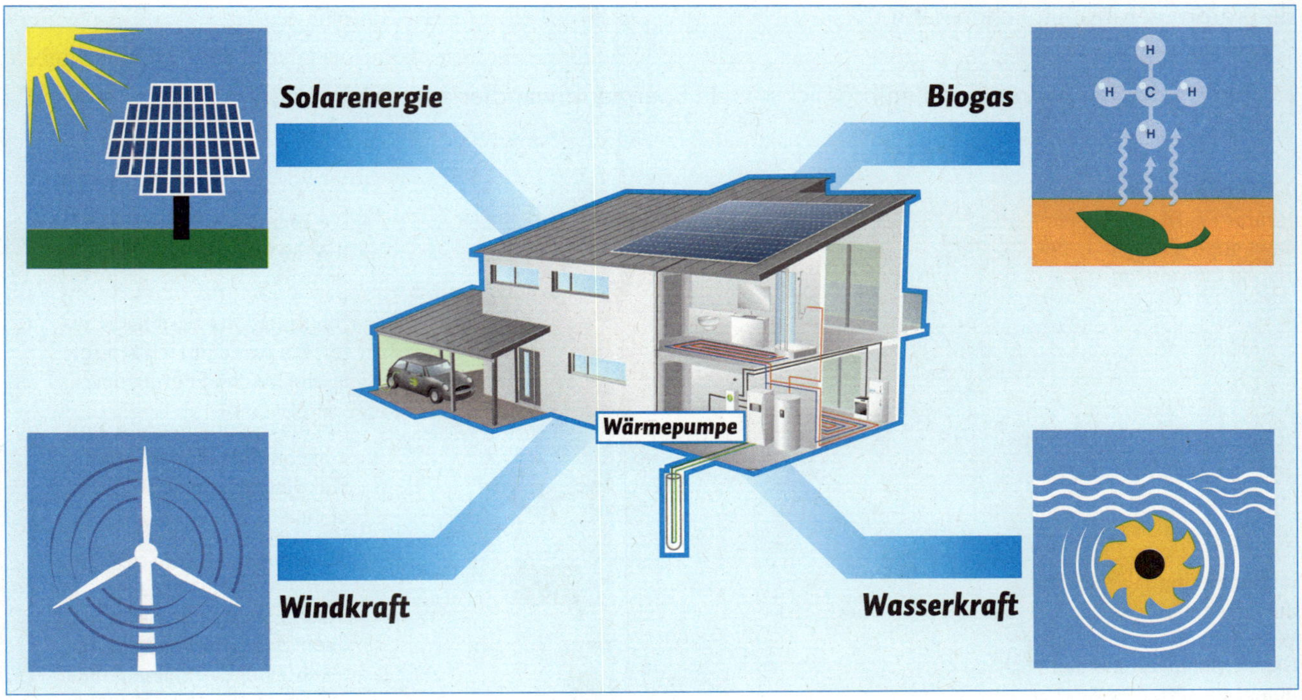

45.1 Anwendung regenerativer Energieträger im Haushalt

Smart Grids (intelligente Stromnetze)

„Smart Grid" bezeichnet ein Netz aus einer Vielzahl von Stromerzeugern (vorwiegend kleine dezentrale Kraftwerke), Verbrauchern und in Zukunft auch vermehrt Stromspeichern. Neben dem Stromfluss findet zwischen den einzelnen Komponenten ein Informationsaustausch statt, wodurch eine bessere Überwachung sowie eine optimale Regelung und damit Stabilität der Stromversorgung erzielt werden kann. Durch den Aufbau intelligenter Netze wird die am Verbrauch orientierte Stromerzeugung abgelöst von einem an der Erzeugung orientierten Verbrauch: Computer könnten elektrische Anlagen z. B. dann einschalten, wenn bei starkem Wind überschüssiger und somit kostengünstiger Strom zur Verfügung steht.

Dadurch gewinnen die dezentralen Kleinkraftwerke (z. B. Wind- und Fotovoltaikanlagen, Blockheizkraftwerke) immer mehr an Bedeutung.

Aufgaben

1. Worin bestehen die Vorteile der regenerativen Energieträger im Vergleich zu den fossilen?
2. Welche Gebiete in Deutschland eignen sich besonders gut für den Betrieb von Windkraftanlagen?
3. Informiere dich über das Großprojekt Desertec. Welches Ziel verfolgen die beteiligten Unternehmen?
4. Recherchiere im Internet nach der Funktionsweise von intelligenten Stromnetzen (Smart Grids) und beschreibe ihre Wirkungsweise. Worin bestehen ihre Vorteile?

Energieumwandlungen

Bei den meisten Energieumwandlungen treten mehrere Energieformen gleichzeitig auf: In einer Lampe wird z. B. aus elektrischer Energie Licht- und Wärmeenergie. Im Dynamo wird Bewegungsenergie zu elektrischer Energie.
Diese Energieumwandlungen bilden regelrechte **Energieketten,** die man sich in einem Energieflussdiagramm veranschaulichen kann.

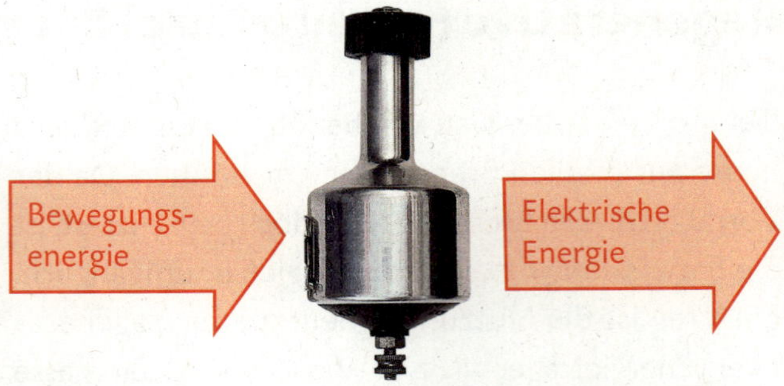

46.1 Energieflussdiagramm eines Dynamos

In einem Gedankenversuch sollen möglichst viele Energieumwandler aneinandergereiht werden.

Die **Turbine** treibt den Generator an. Dieser wandelt Bewegungsenergie in elektrische Energie um.

Im **Rundkolben** wird durch die Flamme aus Wasser Wasserdampf, der mit hoher Geschwindigkeit auf das Turbinenrad trifft: Aus Wärmeenergie wird Bewegungs energie.

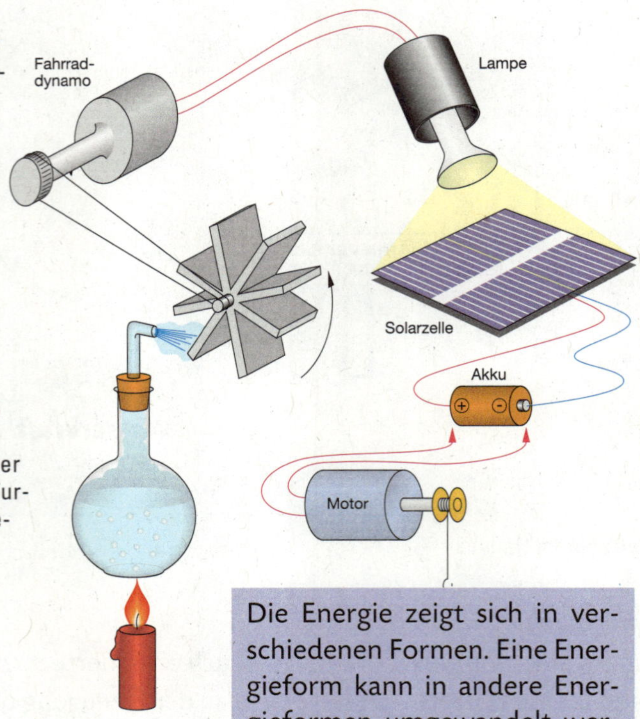

Der elektrische Strom lässt die **Lampe** leuchten: Elektrische Energie wird zu Lichtenergie.

Die **Solarzelle** wird beleuchtet. Sie wandelt Lichtenergie in elektrische Energie um.

Die elektrische Energie wird dann im **Akku** gespeichert: Elektrische Energie wird zu chemischer Energie.

Die chemische Energie aus dem Akku treibt als elektrische Energie den **Motor** an: Chemische Energie wird in elektrische Energie und diese in Bewegungsenergie umgewandelt.

Durch die Bewegungsenergie wird der Bindfaden aufgerollt und damit das **Merksatz-Schild** hochgehoben: Bewegungsenergie wird zu Lageenergie.

Die Energie zeigt sich in verschiedenen Formen. Eine Energieform kann in andere Energieformen umgewandelt werden.

Die Energie, die ursprünglich als chemische Energie im Kerzenwachs gesteckt hatte, befindet sich schlussendlich in Form von Höhenenergie im hochgezogenen Merksatz-Schild.

Aber weil diese Energieumwandlungen nie vollständig geschehen, sondern bei jeder Umwandlung mehr oder weniger viel Energie „verloren geht" (die Kerze erwärmt z. B. auch die umgebende Luft), steckt nur ein Teil der ursprünglich eingesetzten Energie im angehobenen Merksatz-Schild.

Aufgaben

1 Du bist im Schwimmbad und springst vom 10-Meter-Turm.
a) Stelle die vollständige Energiekette auf.
b) Stelle das Energieflussdiagramm mithilfe eines Präsentationsprogramms dar.

2 a) Welche Energieumwandlungen finden beim Jojo statt?
b) Zeichne das Energieflussdiagramm.

Energie geht nicht verloren

Energie kann in viele Energieformen umgewandelt werden. Der Motor der Straßenbahn wandelt z. B. elektrische Energie in Bewegungsenergie um. Das ist eine **erwünschte Energieumwandlung.** Von einer Lampe erwartest du, dass sie elektrische Energie in Licht umwandelt. Das Fernsehgerät soll dir mithilfe von Licht Bilder liefern und aus dem Lautsprecher möchtest du etwas hören.

Fast immer gibt es aber auch eine **unerwünschte Energieumwandlung.** Wenn die Straßenbahn um die Kurve fährt, erzeugt sie durch Reibung ein unangenehmes Quietschen. Jetzt wird ein Teil der elektrischen Energie in Schall umgewandelt.
Unerwünschte Energie gibt es auch bei der Lampe. Hier wird der größte Teil der elektrischen Energie zu Wärme.

Energieentwertung

Erwünschte oder unerwünschte Energie geht nicht verloren. Das Quietschen der Straßenbahn lässt dein Trommelfell schwingen. Du spürst auch die Wärme der Lampe. Diese Energie ist zwar jeweils vorhanden, sie lässt sich aber meistens nicht mehr in nutzbare Energie umwandeln. Sie wird daher **entwertete Energie** genannt.

Erwünschte und unerwünschte Energie zusammen sind genau so groß wie die in den Wandler vorher hineingesteckte Energie. Energie geht also beim Umwandeln nicht verloren.

47.1 Straßenbahn als Energiewandler

Info

Um die Güte von Energiewandlern vergleichen zu können, wird ihr **Wirkungsgrad** angegeben. Er gibt die jeweilige Energienutzung als Verhältnis der nach der Energieumwandlung nutzbaren zur eingesetzten Energie an.

Energie kann in erwünschte oder unerwünschte Energie umgewandelt werden. Dabei geht keine Energie verloren. Dieser sogenannte **Energieerhaltungssatz** ist eines der wichtigsten Gesetze der Physik.

Aufgaben

1 Elektrische Energie wird bei der Straßenbahn in zwei Formen von Energie umgewandelt. Benenne die erwünschte und die nicht erwünschte Energieform.

2 Informiere dich z. B. im Internet über die Wirkungsgrade von
a) Kohle-, Wasser-, Wind- und Kernkraftwerken,
b) Glühlampen, Energiesparlampen und LED-Leuchtmitteln.

3 Die nebenstehende Abbildung zeigt das Energieflussdiagramm eines Solartaschenrechners. Beschreibe die stattfindenden Energieumwandlungen.

4 Bei einem Auto wird die chemische Energie des Brennstoffs in Bewegungsenergie umgewandelt. Zeichne ein Energieflussdiagramm, welches auch die unerwünschten Energieumwandlungen berücksichtigt.

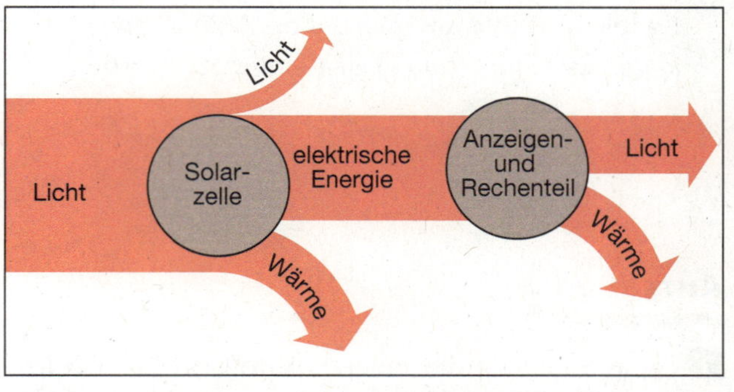

47.2 Energieflussdiagramm eines Solartaschenrechners

Benutzerdefinierte Animationen

Zur Dokumentation eures Projektes, könnt ihr eine Bildschirmpräsentation anfertigen. Dabei können Texte oder Bilder animiert werden.
Du kannst sie in derselben Reihenfolge, in der sie im begleitenden Referat erwähnt werden, auf den Folien bewegen. So wird immer das Folienelement sichtbar sein, das im Referat gerade angesprochen wird. Ein Energieflussdiagramm ähnlich dem auf Seite 46 eignet sich sehr gut für eine solche Animation. Lade die Datei „Energieflussdiagramm" (Abb. 48.1) von der Seite www.schroedel.de/downloads-46336 herunter und speichere sie in „Eigene Dateien".

Öffne die Datei „Energieflussdiagramm". Markiere den Pfeil „Licht" durch anklicken.

- Wähle im Menü „Bildschirmpräsentation" die Funktion „Benutzerdefinierte Animation".
- Klicke auf „Effekt hinzufügen" und wähle die Unterauswahl „Eingang".
- Klicke auf eine der angezeigten Animationen. Im Programmfenster kannst du dann eine Vorschau der Animation sehen.
- Wähle Animation „Einfliegen" für den Pfeil.
- In den Feldern unter „Ändern: Einfliegen" kannst du verschiedene Einstellungen vornehmen: Wann soll der Text eingeflogen werden? Von wo? Wie schnell?
- Wenn du die Präsentation startest, werden per Mausklick die Elemente auf deiner Folie angezeigt.

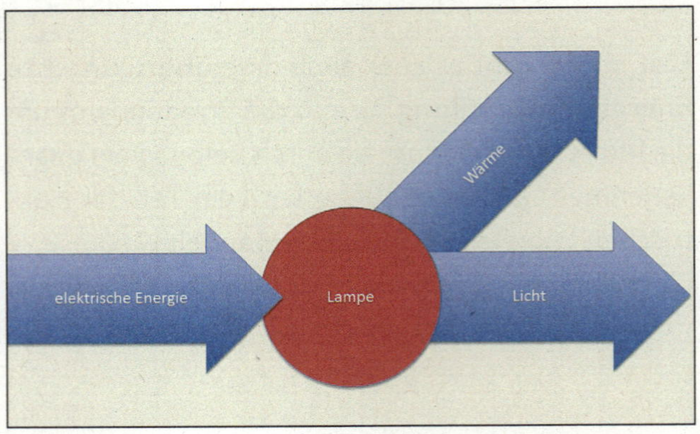

48.1 Energieflussdiagramm der Lampe

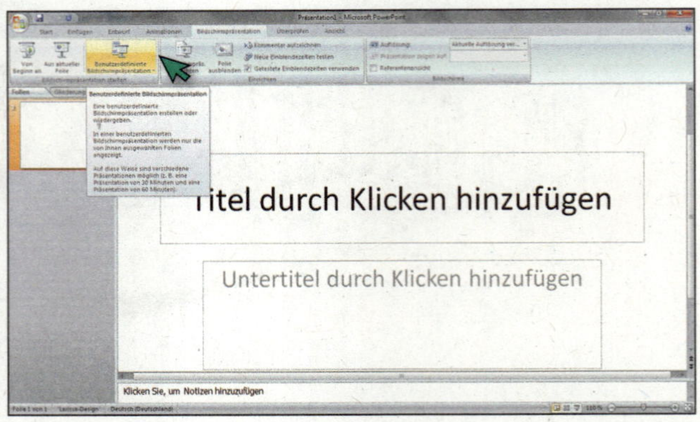

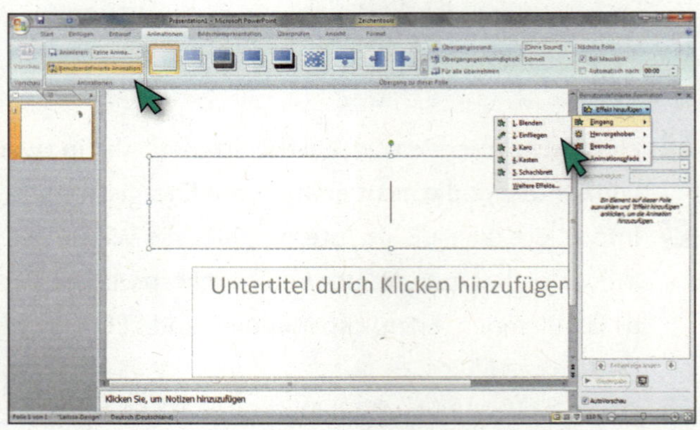

Tipp

Wenn die Animationen zu lange dauern oder zu unruhig sind, wirkt die Präsentation schnell zu überladen und die Zuschauer können nicht richtig folgen. Achte darauf, dass die Animationen angemessen sind und gezielt eingesetzt werden.

Aufgaben

1 Wähle auch für die anderen Autoformen der Folie Animationen aus.

2 Welche der Animationen sind passend für deine Präsentation? Finde Beispiele und Gegenbeispiele.

Elektrische Energie – Ein Generator erzeugt Strom

Das Phänomen, dass Magnetfelder unter bestimmten Voraussetzungen elektrische Ströme erzeugen können, nennt man **elektromagnetische Induktion** oder kurz Induktion. Sie wird in allen Kraftwerken genutzt, in denen über Turbinen angetriebene Generatoren (Abb. 49.1) Rotationsenergie in elektrische Energie umwandeln.
Wie die Induktion funktioniert, kannst du anhand der folgenden Experimente selbst herausfinden.

49.1 Generator in einem Kraftwerk

Von der Induktionsspannung zum Generatormodell

Um herauszufinden, unter welchen Voraussetzungen ein Magnetfeld elektrische Energie „erzeugen" kann, wird ein Stabmagnet in eine an ein Voltmeter angeschlossene Spule gelegt (a) bzw. auf verschiedene Weise relativ zur Spule bewegt (b, c).

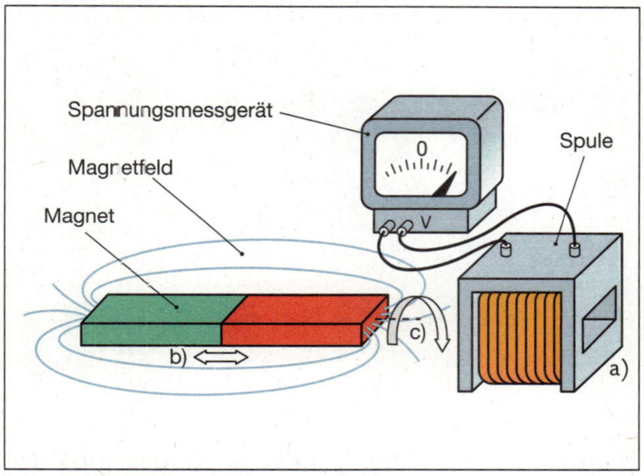

49.2 Untersuchung der Induktion

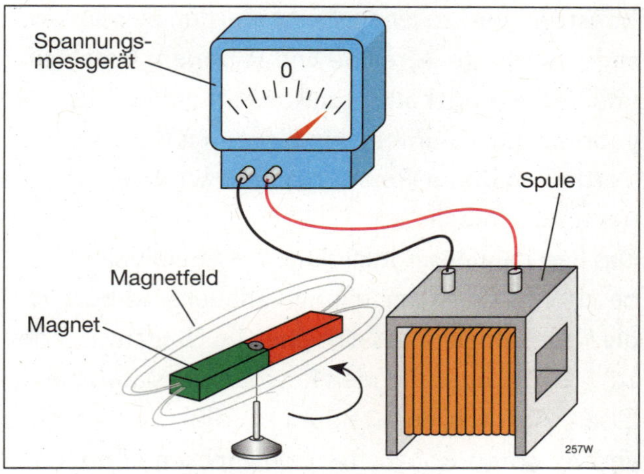

49.3 Modellversuch zum Generator

Aufgaben

1 Führt den oben beschriebenen Versuch (Abb. 49.2) durch. Unter welchen Voraussetzungen könnt ihr eine elektrische Spannung messen? Tipp: Wie man ein Spannungsmessgerät (Voltmeter) bedient, könnt ihr der S. 71 entnehmen.

2 Die Abb. 49.3 zeigt ein Modellexperiment zur Funktionsweise eines Generators. Baut den Versuch auf und führt ihn durch. Welche Gemeinsamkeiten hat das Experiment mit einem Generator?

3 Die bisher „erzeugten" Energien sind relativ klein. Deshalb stellt sich die Frage, wie man diese vergrößern kann. Führt die nachfolgenden Experimente durch und verfasst ein Versuchsprotokoll.

a) Bewegt den gleichen Magneten mit unterschiedlichen Geschwindigkeiten in die Spule hinein und wieder heraus.

b) Bewegt Magneten unterschiedlicher Stärke aber mit gleicher Geschwindigkeit in die Spule hinein und wieder heraus.

c) Bewegt einen Magneten nacheinander in Spulen verschiedener Windungszahlen hinein und wieder heraus. Achtet darauf, dass die Bewegungsgeschwindigkeiten näherungsweise gleich sind.

Der ökologische Fußabdruck

50.1 „Wir hinterlassen einen gewaltigen Eindruck."

Als ökologischer Fußabdruck wird die notwendige Fläche auf der Erde verstanden, die benötigt wird, um den momentanen Lebensstil und Lebensstandard anhaltend zu ermöglichen. Sie wird in globalen Hektar (1 gha= 10 000 m^2 mit durchschnittlicher Produktivität) angegeben. Das Ergebnis wird manchmal bildlich in Form eines Fußabdruckes dargestellt.

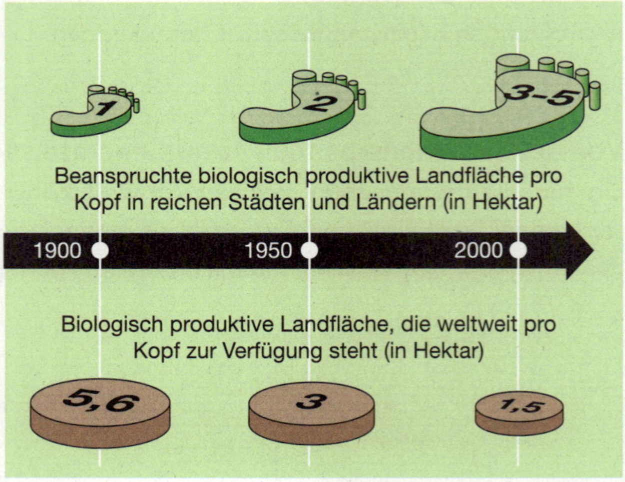

50.2

Leben wir auf zu großem Fuß?

Jeder Mensch auf der Erde verwendet Energie und Rohstoffe, um zu leben. Diese werden beispielsweise für wichtige Bereiche wie Wohnen, Ernährung und Verkehr oder auch für Konsum- und Luxusgüter gebraucht. Aus unterschiedlichen Ursachen ist der Verbrauch dieser Ressourcen je nach Weltbewohner unterschiedlich.

Das Berechnungsmodell „Ökologischer Fußabdruck" beschreibt diese Verteilung genauer und bewertet die Nachhaltigkeit des einzelnen im Umgang mit den zur Verfügung stehenden Ressourcen. Damit die für Essen, Autofahren, Kleidung, Wohnen etc. täglich verbrauchten Rohstoffe nachwachsen können, ist Platz notwendig. Ebenso braucht der Abbau unserer „Abfälle" biologische Fläche (beispielsweise für Wälder, die CO_2 wieder binden). Je nach Lebensstil und -standard wird so mehr oder weniger Erdfläche benötigt. Global betrachtet ist die vorhandene Fläche der Erde aber begrenzt. Diese maximale Biokapazität der Erde bildet eine natürliche Grenze für den Konsum aller Menschen.

Info

Je größer die Fläche des ökologischen Fußabdrucks ist, desto größer ist die Umweltbelastung.

Der ökologische Fußabdruck kann für einzelne Nationen aber auch individuell berechnet und angegeben werden. Rechnet man den eigenen Flächenverbrauch auf alle Menschen hoch, kann man ihn mit den realen, durchschnittlich verfügbaren Flächen vergleichen. Durch Verändern der eigenen Grunddaten kann die Veränderung des Fußabdrucks beobachtet und ein Bewusstsein für einen nachhaltigeren Lebensstil entwickelt werden.

Aufgaben

1. Finde Ursachen für die ungleiche Verteilung der Ressourcen.
2. Wie groß ist dein ökologischer Fußabdruck? Das kannst du auf folgenden Internetseiten testen: www.footprint-deutschland.de und www.latschlatsch.de/downloads/Printversion.pdf.
3. Was kannst du tun, um deinen ökologischen Fußabdruck möglichst klein zu halten? Variiere dazu auf den Internetseiten deine Antworten.

Deutschland wird Ökostromland

Die Planungen für eine Energiewende in Deutschland nehmen Gestalt an. Immer mehr Atomreaktoren sollen bis 2022 vom Netz gehen. Klar ist nur, dass schnellstmöglich die Kernenergie durch andere Energien ersetzt werden soll. Die Energieversorgerunternehmen warnen, dass es dadurch zu Versorgungsengpässen kommen könnte.

Sonnen-, Wind- und Wasserkraft werden längerfristig im Strommix der Anbieter eine größere Rolle spielen. Windkraftanlagen auf hoher See, sogenannte Offshore-Windanlagen, werden beispielsweise als Alternative gesehen. Der Umweltminister warb in diesem Zusammenhang für mehr Engagement bei der Wärmedämmung von Häusern und im Bereich Energie sparen. Es wird davon ausgegangen, dass derzeit rund 20 Prozent des Energiebedarfs in Häusern durch geeignete Maßnahmen eingespart werden können.

Ein Problem wird aber nach wie vor der Transport und die Speicherung der elektrischen Energie sein. Die Themen „Energieeffizienz" und der damit verbundene Bereich „Energieeinsparung" wird dabei ebenso eine Rolle spielen wie auch das Zusammenwirken von Angebot und Nachfrage am Strommarkt.
Alle Bürger können mittlerweile ihren Stromanbieter mit dem entsprechend gewünschten Strommix selbst auswählen.

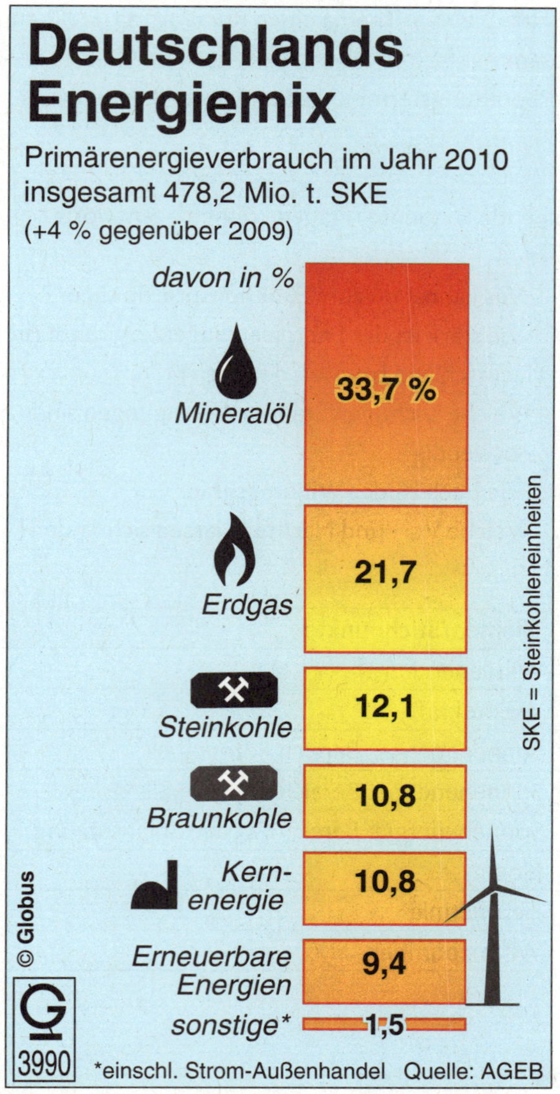

51.2

51.1

Aufgaben

1. Welchen Strombedarf hat euer Haushalt im Jahr?
2. Woher bezieht ihr zu Hause euren Strom?
3. Führt eine Markterkundung durch: Recherchiert den Strommix eures Anbieters und mögliche Alternativen.
4. Notiere alle elektrischen Verbraucher in eurem Haushalt und jeweils die tägliche Laufzeit.
5. Gibt es unter den Geräten sogenannte „Energiefresser"? Finde alternative Produkte.
6. Welche weiteren Einsparmöglichkeiten ergeben sich in eurem Haushalt?
7. Interpretiere die nebenstehende Karikatur.

Kurzreferat zum Thema „Regenerative Energieerzeuger“

1 Haltet zu einem Thema einen Kurzvortrag. Stellt euren Mitschülerinnen und Mitschülern ein Thesenblatt (kurze Zusammenfassung über ein Thema bzw. Gebiet, möglichst nur eine Seite) zur Verfügung. Legt dazu notwendige Vorbereitungstermine fest und verteilt Aufgaben.

Folgende Elemente/Fragen können beantwortet werden:

1. Was kannst du zum Funktionsprinzip sagen?
2. Wie stark ist der Energieerzeuger verbreitet (in Deutschland bzw. auf der Welt)?
3. Welche wichtigen Standortbedingungen sind notwendig?
4. Wie hoch ist der Wirkungsgrad?
5. Welche Vor- und Nachteile lassen sich finden?

52.2 Zeichnungen helfen, komplizierte Inhalte besser zu verstehen.

Nr.	Themen/Stichpunkte	Namen	Vorbereitungstermine		
1	Windenergie				
2	Wasserkraft				
3	Sonnenenergie: Bereich Fotovoltaik				
4	Sonnenenergie: Bereich Sonnenkollektoren				
5	Sonnenenergie: Bereich Passive Solarnutzung				
6	Biomasse				
7	Geothermie				
8	Wärmepumpen				

Tipps

Kurzreferat

- Sprecht möglichst viele Sinne an. Erstellt dafür eine geeignete Präsentation, z. B. mit PowerPoint, Plakat, Folie, sonstigen Materialien.
- Gliedert das Referat (z. B. Einleitung, Hauptteil, Schlussteil, Beantwortung offener Fragen) und stellt diese zu Beginn vor.
- Legt alle notwendigen Geräte und Kopien im Vorfeld bereit.
- Verwendet Karteikarten mit Stichpunkten (Spickzettel).
- Probt das Referat vor Zuhörern.

Thesenblatt

- Verwendet eine Kopfzeile (Thema, Name, Klasse, Lehrer, Fach, Datum ...)
- Trennt die Kopfzeile optisch mit einer Linie vom Inhalt ab.
- Findet passende Überschriften und hebt diese optisch hervor.
- Fasst komplizierte Inhalte kurz und übersichtlich zusammen.
- Fügt Bilder ein und schreibt zu jedem Bild eine ergänzende Bildunterschrift.
- Versucht viele konkrete Beispiele zu finden.
- Verfasst auf dem Thesenblatt drei Kontrollfragen.

Bewertung des Referats

Wenn in eurem Kurs ein Referat gehalten wird, dann müsst ihr euch im Vorfeld Gedanken über die Bewertung machen.
- Worauf muss geachtet werden?
- Welche Punkte sind wichtig?

Einige Beispiele kannst du der Tabelle (Abb. 53.1) entnehmen. Sie kann als Vorlage für deine Vorstellung der Referate dienen. Für jede Gruppe werden die Punkte in die Kästchen eingetragen und dann spaltenweise addiert. Mit einem Tabellenkalkulationsprogramm kannst du dir die Auswertung erleichtern und die Ergebnisse schneller vergleichen.

Maximale Punktzahl pro Feld: 5	Gruppe 1:	Gruppe 2:	Gruppe 3:
Die Sprache ist:			
laut und deutlich			
hochdeutsch			
Körpersprache:			
Blickkontakt zum Publikum			
Steht sicher vor der Klasse.			
Inhalt:			
richtig			
ausreichend			
Aufbau:			
Die Reihenfolge war gut.			
Es gab Einleitung und Schluss.			
Medien (Plakat, Präsentation):			
gut lesbar			
ansprechend gestaltet			
Summe:			

53.1

Lade die Datei „Bewertung" von www.schroedel.de/downloads-46336 herunter, speichere sie unter „Eigene Dateien" und öffne sie.

- Die Summe der Punkte von Gruppe 1 soll automatisch berechnet werden. Klicke in die Zelle, in der das Ergebnis stehen soll und öffne das Auswahlfenster „AutoSumme" im Menü „Formeln".
- Wähle die Funktion „Summe" aus.
- Du kannst auch über die „Funktionsbibliothek" gehen und im Auswahlfenster „Funktion einfügen" die Funktion „Summe" anklicken.
- Im neuen Auswahlfenster „Funktionsargumente" gibst du ein, in welchen Zellen die Summanden stehen.
- Funktionsargumente sind die Zellbezeichnungen, die in der Berechnung verwendet werden. Mit ihnen kannst du rechnen wie mit Variablen.
- Klicke auf das Tabellensymbol.
- Ziehe den Mauszeiger mit gedrückter Maustaste über die Zellen, aus deren Werte die Summe berechnet werden soll (hier: B4 bis B23).
- Klicke auf „Übernehmen" und „OK".
- Die Summe der ausgewählten Zellen wird berechnet und in E23 dargestellt.

Info

Die Funktionsargumente kannst du auch per Tastatur eingeben, z. B.: „B3:B7" = alle Zellen von B3 bis B7.

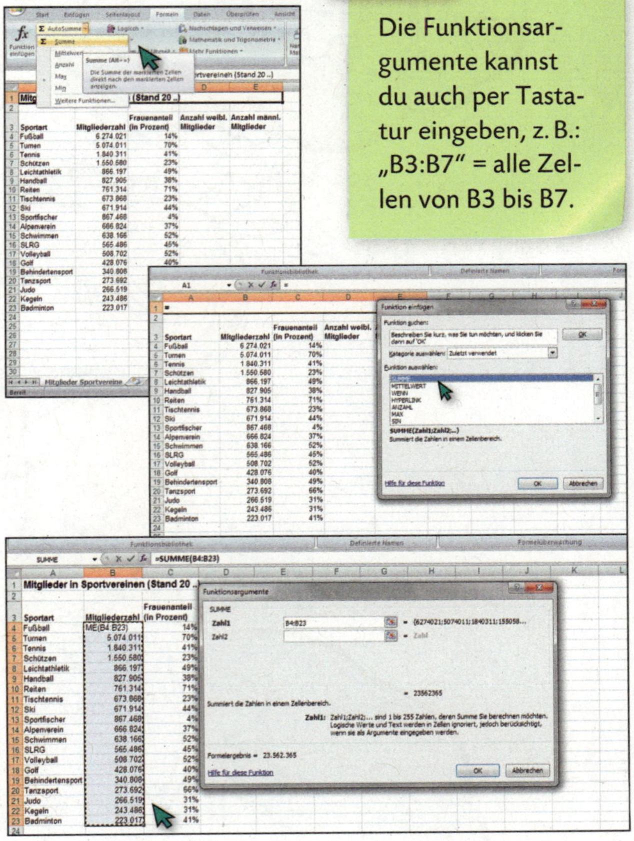

Aufgaben

1 Berechne die Summe der Punkte der restlichen Gruppen.

2 Finde weitere Bewertungskriterien und füge sie in die Tabelle ein. Passe die Funktion so an, dass auch diese Punkte dazu addiert werden.

Projektorganisation

Ideenkiste

Aufgaben

1. Recherchiere Informationen zu den dargestellten Energiewandlern und stelle diese vor.
2. Analysiere die Ideen der dargestellten Schüler.
3. Entwickelt in Gruppenarbeit eigene Ideen.

Arbeitsaufteilung

Ihr werdet als Gruppe, d. h. als Team, ein Projekt durchführen. Der „Teamgedanke" besagt, dass alle zusammenhalten, alle gemeinsam die Verantwortung für das Gruppenergebnis und die Zusammenarbeit übernehmen, jeder sein Bestes gibt. Kurz: Dass alle gemeinsam arbeiten. Ein gutes Team zeichnet sich dadurch aus, dass die Mitglieder planvoll vorgehen und nicht einfach drauflosarbeiten. Es ist unmöglich, im gesamten Projekt für jeden Einzelnen einen Arbeitsplan zu erstellen. Möglich ist aber z. B. die Planung der nächsten Doppelstunde.

56.1 Teamsitzung bei VW: Auch in der Industrie planen Mitarbeiterinnen und Mitarbeiter gemeinsam ihren Arbeitseinsatz und ihre Aufgaben.

Beispiel einer Arbeitsaufteilung

Zeit	Datum 1.8.20..	8.8.20..	15.8.20..
Was muss getan werden?	Tätigkeit Name	Tätigkeit Name	Tätigkeit Name
Gestell	Aussägen: Kira, Fynn	Verbinden: Kira, Fynn	Schleifen: Kira
Rotor	Ablängen: Yannik	Feilen: Yannik, Lea	Schleifen: Yannik, Fynn
Lagerung			Welle ablängen, einpassen: Lea
Generator und Energieübertragung			
Präsentation	Powerpoint Folie und Titel: Lea		Fotos knipsen: alle

Bewertungskriterien

Wer an einem Werkstück arbeitet, muss wissen, auf was er bei der Arbeit achten soll. Deshalb stellt man vor Beginn der Arbeit Kriterien auf. Diese muss das Werkstück später erfüllen. Sie werden nach Abschluss des Projektes zur Bewertung genutzt.

Aufgaben

1. Überlege dir Bewertungskriterien für das Produkt und trage sie in eine Tabelle ein.
2. Gewichte die Kriterien. Was wichtiger ist als anderes, erhält z. B. mehr Punkte.
3. Überlege dir eine Bewertungsskala.
4. Erstelle diese Tabelle am PC.
5. Bewerte nach Fertigstellung deines Werkstückes das Produkt.

Welche Kriterien sind wichtig?

Letztendlich ist vor allem die Funktion entscheidend. Diese kann aber verschieden beschrieben werden. Bei einem Windrad beispielsweise, kann der Rotor

1. ... sich drehen.
2. ... sich drehen und sich nach dem Wind ausrichten.
3. ... Wind durch die Drehung des Generators in elektrischen Strom umwandeln.
4. ... durch seine Drehung im Generator genug elektrischen Strom umwandeln, um eine LED zum Leuchten zu bringen.

Diese vier Kriterien beschreiben die Funktion des Windrades auf unterschiedliche Weise. Sie sind verschieden schwer zu erreichen.

Versuche die Kriterien so genau wie möglich zu beschreiben. Einige Kriterien können aber auch einfach heißen: „Das Werkstück ist sauber verarbeitet."

Beispiel einer Bewertungstabelle

Kriterium	Gewichtung	Erreicht
Das Werkstück ist sauber verarbeitet.	4	
...		
10 Pkt. = 1 9–8 Pkt. = 2 7–6 Pkt. = 3 5–4 Pkt. = 4 3–2 Pkt. = 5 1–0 Pkt. = 6	gesamt 10 Pkt.	
	Note:	

Abläufe darstellen mit Auto-Formen

Auf dem Weg durch euer Projekt habt ihr verschiedenen Stationen durchlaufen. Solche Abläufe lassen sich gut mit Auto-Formen in Word darstellen.

Starte zunächst ein Textverarbeitungsprogramm, z. B. „Word“:

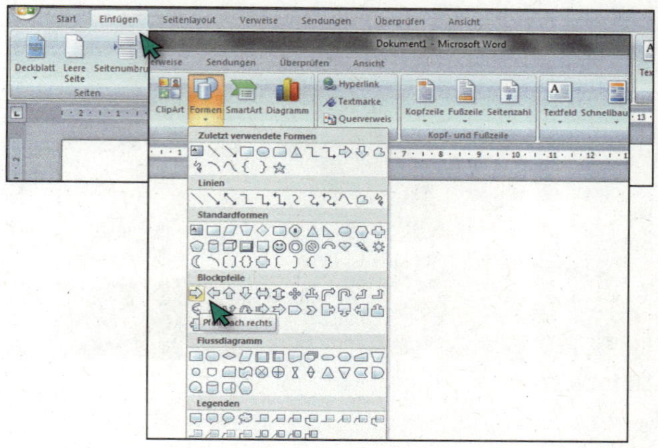

- Klicke im Menü „Einfügen“ auf „Formen“ und dann auf „Blockpfeile“.
- Wähle einen der Blockpfeile durch Anklicken aus.
- Zeichne den Blockpfeil mit gedrückter linker Maustaste.

Bei manchen Auto-Formen kannst du sofort Texte eingeben. Bei den Pfeilen muss die Texteingabe erst noch vorbereitet werden.

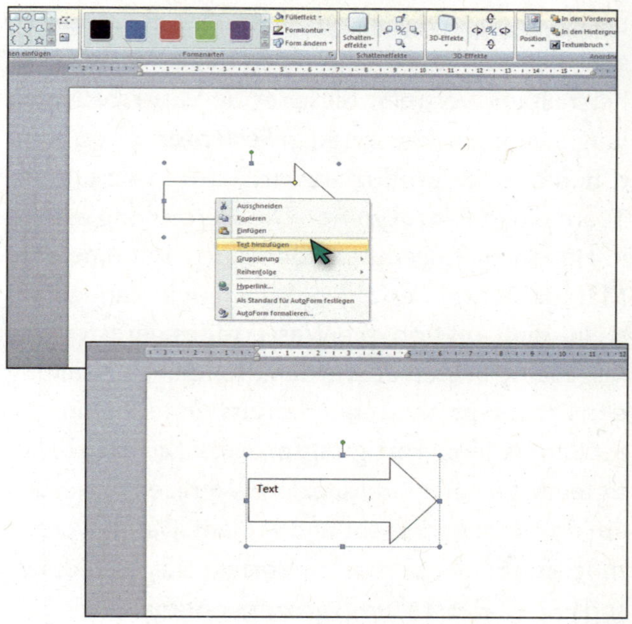

- Klicke mit der rechten Maustaste den Pfeil an. Es öffnet sich das „Kontextmenü“, in dem du verschiedene Funktionen direkt aufrufen kannst.
- Wähle dort „Text hinzufügen“ und gib nun einen Text ein.

Aufgabe

Als Beispiel zeichne den unten dargestellten Projektpfeil nach.

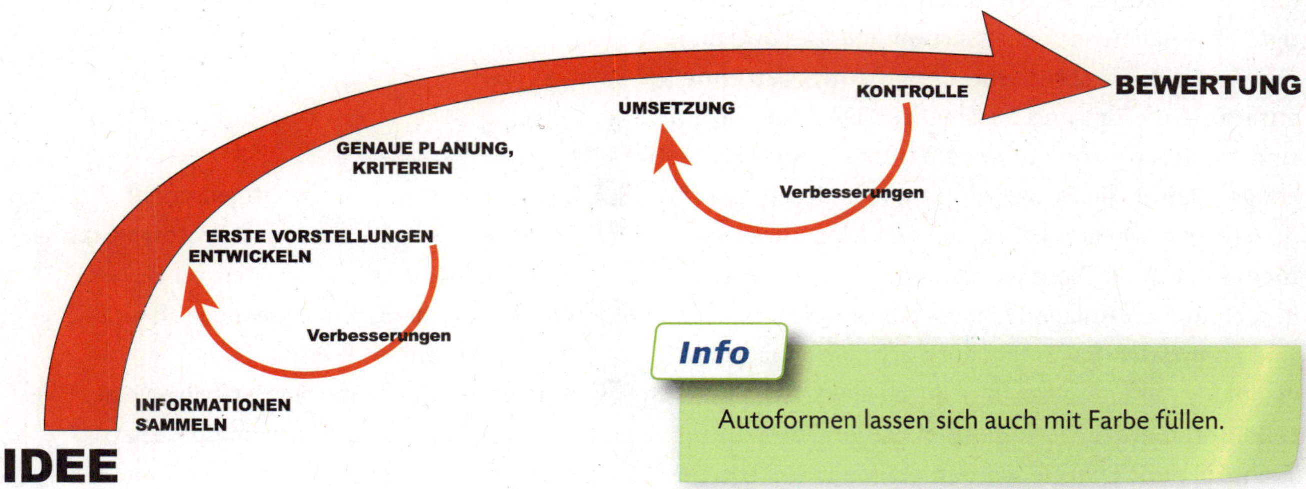

Info

Autoformen lassen sich auch mit Farbe füllen.

Technische Problemfelder

Musterbau

58.1 Wasserrad

Das ist Frau Fürstenfelder. Sie ist Schreinermeisterin bei der Firma Waterenergeo in Landau, die alte Wasserräder restauriert, aber auch neue Wasserräder herstellt und vertreibt. Sie leitet die Musterbauabteilung. Bevor ein Wasserrad in **Serienfertigung** geht, d. h. mehrfach produziert wird, stellen sie und ihr Team einen **Prototyp** her. Die Herstellung erfolgt in **Handarbeit**. Dadurch können leichter eine gute Materialauswahl erfolgen, Schwierigkeiten festgestellt, die Funktion des Wasserrades getestet und insgesamt bewertet werden. Bei der Herstellung des Prototyps entstehen bereits erste Planungen für den späteren **Fertigungsprozess**. Die dazu benötigten Maschinen und spezielle Werkzeuge werden am Prototyp überdacht und geplant. Damit werden mögliche Fehler bereits im Vorfeld ausgeschlossen, sodass der **Herstellungsprozess** optimaler wird.
Um ein Wasserrad herzustellen, werden verschiedene Rohmaterialien wie Bleche, Lager usw. benötigt. Diese haben noch nicht ihre endgültige Form und werden dann entsprechend **umgeformt**, **getrennt**, **zusammengefügt und beschichtet.** Die Materialien sind halb fertig, man nennt sie deshalb auch Halbzeuge. Damit die Bewegungsenergie des Wassers übertragen werden kann, werden **Maschinenelemente** benötigt. Diese werden oft in ähnlicher Form in technischen Anlagen eingesetzt. Beispiele hierfür sind **Zahnräder**, **Lager** und auch Schrauben. Die Umwandlung der Energie erfolgt durch **elektrische Bauteile und Geräte,** zum Beispiel Generatoren. Zum Transport der Energie werden ebenfalls elektrische Bauteile benötigt. Sind die richtigen Materialien, insbesondere Bauteile ausgewählt, müssen sie fachgerecht und zielführend zusammengesetzt werden.
Bei der Fertigung eines **Energieerzeugers** sind zahlreiche Details zu beachten. Schließlich soll der Prototyp zu einer erfolgreichen **Serienfertigung** führen. Manchmal führt dies auch zu scheinbaren Misserfolgen, wie du anhand des Beispiels der ersten Windkraftanlage „Growian" erfahren kannst. Diese stand während ihrer kurzen Betriebszeit die meiste Zeit still, nicht einmal ein dauerhafter Testbetrieb war möglich. Als eine der ersten Windkraftanlagen wird sie als größter Misserfolg, aber dennoch als wichtiger Helfer bei der weiteren Entwicklung von Windkraftanlagen gesehen.

58.2-4 Halbzeuge und Maschinenelemente

58.5 Growian in Schleswig-Holstein

Aufgaben

1 Erstelle ein Glossar zu den fettgedruckten Begriffen.

2 Recheriere Gründe, warum der Prototyp Growian nicht funktionierte.

3 Warum wird der Growian dennoch als wichtiger Helfer gesehen?

4 Nenne Gründe, warum die Herstellung eines Prototyps bei technischen Fertigungsprozessen eine wichtige Rolle spielt?

Ein Modell aus Pappe konstruieren und analysieren

So wie ein Prototyp bei der Planung und Herstellung behilflich ist, kann auch die erste Umsetzung eurer Ideen an einem Modell aus Pappe erfolgen. Die Herstellung kann sehr leicht mithilfe von Karton, Heißkleber, Strohhalmen, Holzspießen und anderen Materialien erfolgen. Diese schnelle und kostengünstige Umsetzung verhindert spätere Rückschläge bei eurer Konstruktion und zeigt euch, in welchen technischen Bereichen ihr noch Informationen, Kenntnisse und Fähigkeiten und Fertigkeiten braucht.

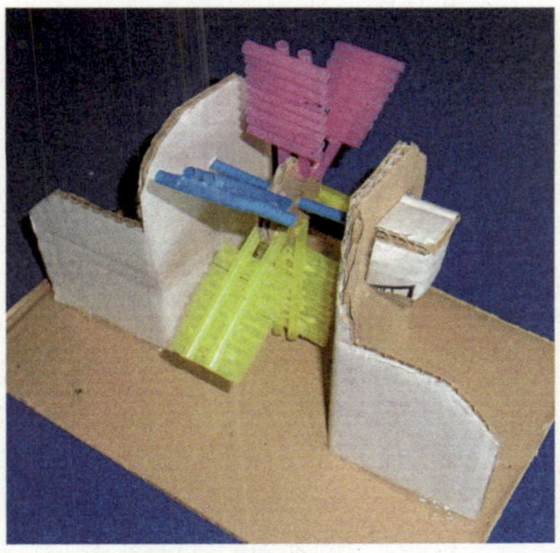

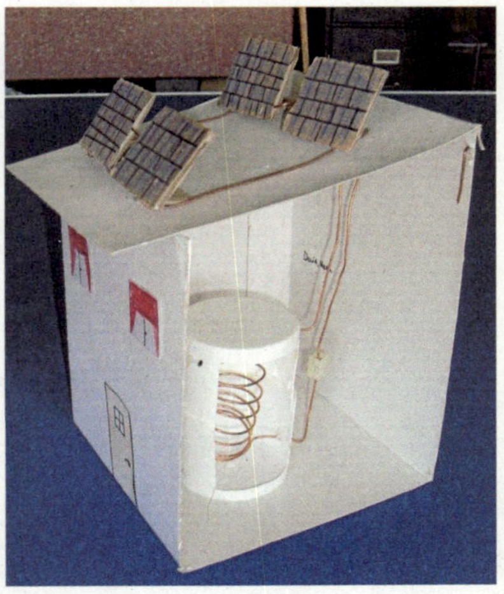

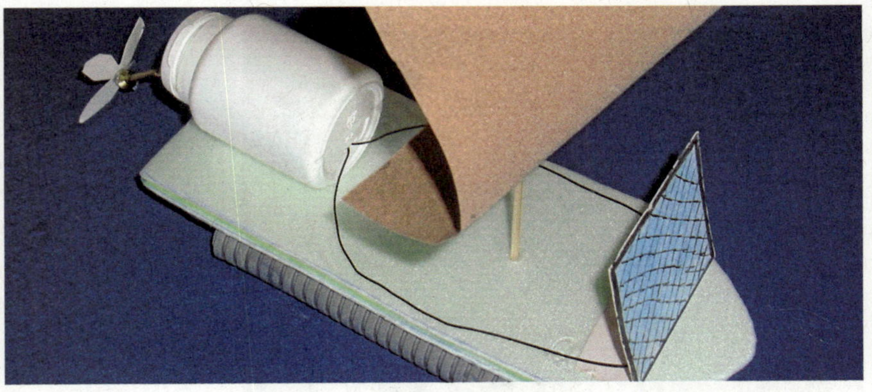

59.1-4 Ideen werden in einem Modell umgesetzt und analysiert.

Tipps

- Ihr könnt bei der Planung nach der Placemat-Methode vorgehen (Abb. 59.5). So lässt sich die Entstehung eurer Ergebnisse leicht nachvollziehen.
- Beachtet beim Vorgehen die Ablaufschritte a bis e in Aufgabe 2.
- Hinweise zum Kleben findet ihr in Band Nah dran 6..., Seite 104.

Aufgaben

1 Finde Gemeinsamkeiten der verschiedenen Modelle. Markiere diese farbig und finde jeweils einen passenden Oberbegriff.

2 Plant und konstruiert euren eigenen Prototyp in einem Team. Geht so vor:
a) Wählt in einer Kleingruppe einen Energieerzeuger aus.
b) Skizziert in Einzelarbeit eure Ideen.
c) Tauscht euch zu euren Ideen aus.
d) Bewertet eure Ideen und bringt die besten Ideen zusammen.
e) Konstruiert euer Modell mithilfe der Materialien.

3 Vergleicht euer Modell mit den Ergebnissen aus Aufgabe 1.

59.5 Beispiel für ein Placemat

„Spionage“

Ihr habt in eurer Gruppe gute Ideen zur Konstruktion eures Projektes gefunden. Es kann aber auch sein, dass ihr keinen passenden Einfall hattet. Vielleicht haben eure Mitschülerinnen und Mitschüler bessere Lösungen.
Geht auf Spionagetour. Spionieren kann man überall dort, wo andere ihre Ideen vorstellen. Im Internet, in Büchern, aber auch bei anderen Gruppen im Unterricht.
Eine solche Suche sollte gezielt sein. Überlegt also vorher, was ihr herausfinden möchtet. Schreibt Spionageaufträge. Hier ist ein Beispiel:

„Geheimauftrag“

Was:
Wie kann sich mein Windrad nach dem Wind ausrichten? Warum und wie dreht es sich?

Wo:
- Ich suche im Internet und in Büchern: Bauanleitungen, Grafiken, Fotos ...
- Bei anderen Gruppen: Zeichnungen, Funktionsmodelle ...
- Ich kann auch nachfragen: „Woher habt ihr die Idee?“

Wie:
Ich erstelle Ausdrucke, Kopien, Abschriften, Abschauen, Zeichnungen.

60.1 Ein Spion bei der Arbeit

Info

Industriespionage ist verboten!
Der Wirtschaft gehen jährlich große Summen verloren, weil andere das nachbauen, was hier entwickelt wurde. Achte beim Kauf darauf, dass du keine Billigware („Fakes“) kaufst!

Aufgaben

1. Überlegt in der Gruppe, welche einzelnen Dinge bei der Konstruktion wichtig sind.
2. Vergebt „Geheimaufträge“ für alles, was ihr herausfinden möchtet.
3. Formuliert einen Auftrag so genau wie möglich.
4. Informiere dich anhand von Medien über deinen Auftrag.
5. Gehe auch zu den anderen Gruppen und versuche dort, Interessantes herauszufinden.
6. Notiere deine Informationen so genau wie möglich. Drucke sie aus, zeichne usw.
7. Stelle die Ergebnisse deiner Gruppe vor.

Konstruktion

Die Informationen, die du gewonnen hast, helfen dir bei der Planung deines Projektes. Um dir eine genaue Vorstellung von dem zu machen, was du bauen willst, solltest du Folgendes überlegen:

- Wie soll mein Energiewandler aussehen?
- Welche Funktionen sind wichtig?
- Welche Größe soll er haben?
- Welche Materialien stehen mir in der Schule zur Verfügung, welche kann ich besorgen?

Um diese Fragen beantworten zu können, musst du dir sehr genaue Vorstellungen vom Ergebnis machen. Du brauchst ein „Bild" vor Augen. Da du dein fertiges Objekt noch nicht fotografieren kannst, musst du es vorab zeichnen.

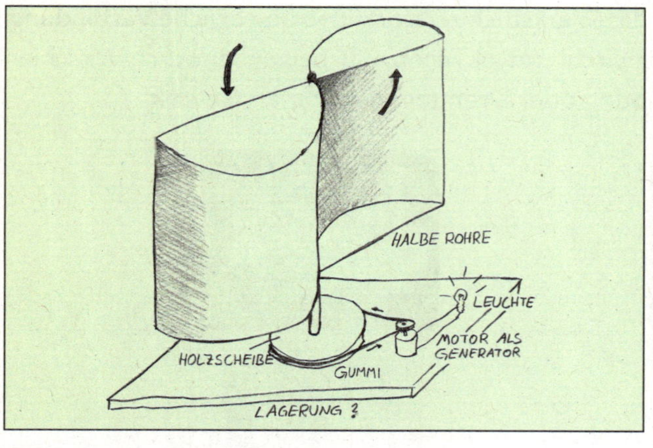

61.1 Skizze zum Austausch

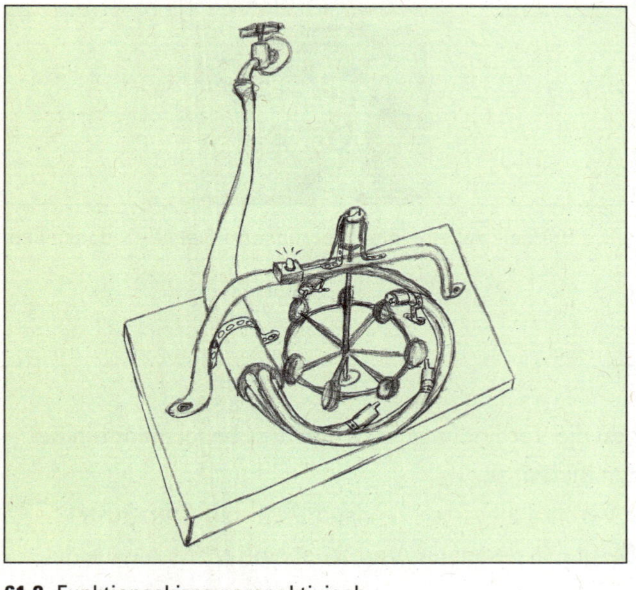

61.2 Funktionsskizze perspektivisch

Techniker gehen dabei nach einer bestimmten Reihenfolge vor:

1. Sie erstellen eine Skizze. Diese muss nicht besonders genau sein. Sie dient nur dazu, den anderen im Team zu zeigen, welche ersten Ideen man hat. Das Team vergleicht die Ideen und findet die beste Lösung.
2. Danach wird eine Fertigungsskizze erstellt. Man sieht auf ihr alle Funktionen detailliert. Wie groß sind die einzelnen Teile? Wie sind sie verbunden?

Da man aber nur eine Seite sehen kann, übersieht man eventuell ein wichtiges Detail. Du kannst dein Werkstück entweder von zwei bis drei Ansichten oder perspektivisch zeichnen. Hier siehst du beide Möglichkeiten (Abb. 61.2 und 61.3). So ähnlich sollte deine Zeichnung aussehen:

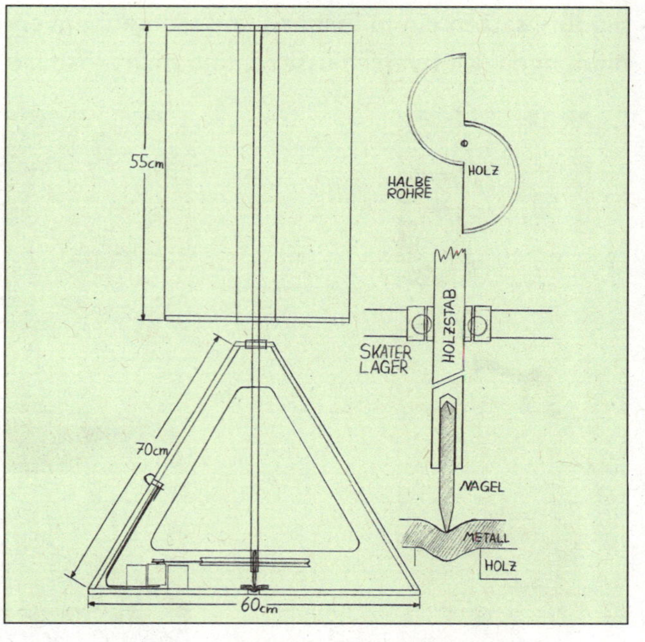

61.3 Funktionsskizze mit mehreren Ansichten

Aufgaben

1. Zeichne eine Skizze mit deinen Ideen.
2. Stelle sie deinen Teampartnern vor.
3. Diskutiert, welche Ideen ihr verwirklichen wollt.
4. Jeder zeichnet eine Fertigungsskizze mit den Ideen der Gruppe.
5. Spionieren ist weiterhin erlaubt.
6. Du kannst auch ein PC-Zeichenprogramm benutzen.

Technische Umsetzung

Materialien miteinander verbinden

Rückruf für Gemüsereibe: Klingen im Salat, 28.02.2011

Eine Gemüsereibe mit Wechsel- und Einzelklingen rufen Handelshof und Kaufland zurück. Nur wenige Tage war die Reibe im Angebot, bis die Kaufhaus-Ketten die Notbremse zogen: Den schwarzen Gemüseschneider mit drei wechselbaren Einsätzen gab's von Montag, 7. bis Samstag, 12. Februar. Laut Anbieter können sich einzelne Messer lösen und unter Umständen unbemerkt auf den Teller gelangen. Bei Verschlucken besteht Lebensgefahr. Bisher seien zum Glück noch keine Unfälle bekannt geworden, sagte eine Unternehmenssprecherin auf Anfrage. Die Rücknahme erfolgt in allen Filialen.

(Quelle: www.test.de/themen/haus-garten/meldung/Rueckruf-fuer-Gemuesereibe-von-Kaufland-und-Handelshof-Klingen-im-Salat-4209659-4209701)

Es gibt viele Möglichkeiten, einzelne Materialien miteinander zu verbinden. Die Auswahl einer Verbindungsmethode hängt von den zu verbindenden Materialien, aber auch von den Anforderungen ab, die an sie gestellt werden. Man teilt die Verbindungsarten ein in **lösbare** (z. B. Schraubenverbindungen, Klettverschlüsse ...) und **nicht-lösbare** Verbindungen (z. B. Klebung, Niete, Schweißnaht ...). Lösbare Verbindungen können geöffnet werden, ohne das Werkstück dabei zu zerstören. Umgekehrt wird bei nicht-lösbaren Verbindungen beim Trennen das Werkstück zerstört. Eine bewegliche Verbindung zwischen zwei Teilen, z. B. bewegbar durch Verschiebung oder Drehung, nennt man **Gelenk**.

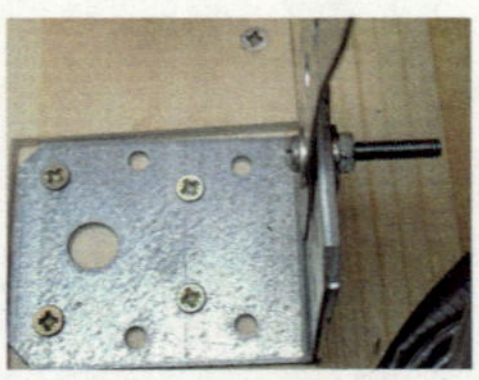 ____________

 ____________

 ____________

 ____________

 ____________

 ____________

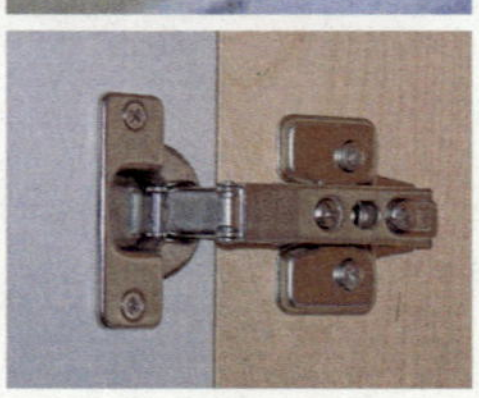 ____________

 ____________

 ____________

Klettverschluss – metrische Schrauben – Nieten – Holzzinken – Gelenk – Holzschrauben – Blechschrauben – Nägel – Klebestellen

Tipps

Siehe auch die Lehrgangsseiten zu Verbindungstechniken in Nah dran ... 6.

Aufgaben

1. Kennst du die Verbindungen? Ordne die oben genannten Begriffe den Bildern zu.
2. Welche Verbindungsarten kennst du? Gestalte ein Cluster.
3. Suche Berufe, in denen das Verbinden von Materialien eine große Rolle spielt.

Tipps

... für die Konstruktion

- Wird eine Mutter gegen eine andere festgedreht, kann sich die Verbindung nicht von selbst lösen. Man nennt diese wieder lösbare Verbindung auch kontern. (Siehe dazu auch die Seiten 64 und 65 zum Thema „Verbindungen herstellen".)
- Gewindestangen eignen sich hervorragend zur Konstruktion. Es gibt sie in verschiedenen genormten Durchmessern und Längen. Du kannst sie auch leicht mit einer Metallbügelsäge kürzen. Mit einer Feile wird anschließend rund um die Schnittfläche der Grat entfernt, damit eine Mutter wieder leicht ansetzen kann.
- Mit einer Lüsterklemme können einfach dünne Achsen verlängert werden. Die Verarbeitung ist leichter, wenn du die Plastikhülle entfernst. Du kannst die Schraube fester anziehen, indem du dabei die Hülse mit einer Zange fest einklemmst.
- Aus Kabelbindern, Rohrschellen und Lochband lassen sich schnell Verbindungen herstellen.

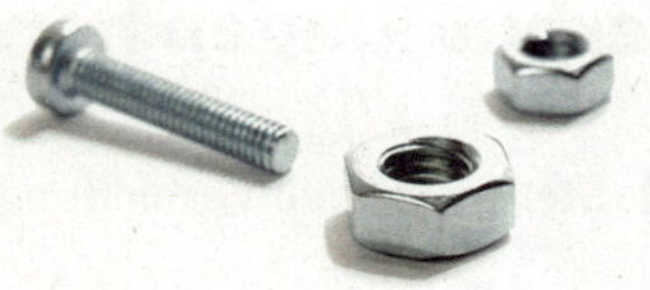

63.1 Kontermutter mit Gewindestab

63.2 Zange und Lüsterklemme

63.3 Kabelbinder, Rohrschelle und Lochband

Aufgaben

1 Auf Fototour: Fotografiere Verbindungen, die in deinem täglichen Leben vorkommen, klebe diese in die Tabelle ein und ergänze die Spalten.

Bild	Verbindungstechnik	lösbar	fest	Gelenk	Materialien, die verbunden wurden	... benötigte Werkzeuge und Maschinen	Besonderheiten/ Tipps
	Holzschrauben				Metall und Holz	Schraubendreher Vorstecher	Verwende den passenden Schraubendreher
	Metallschrauben						

2 Welche Anforderungen werden an Materialverbindungen bei einem regenerativen Energiewandler gestellt? Erstelle eine Kriterienliste.

3 Verbindungen können auch nach ihrem physikalischen Wirkprinzip unterschieden werden. Finde zu den Begriffen kraftschlüssig, formschlüssig und stoffschlüssige Erklärungen und verschiedene Beispiele.

Verbindungen herstellen und bewerten

1 Stelle folgende Verbindungen her. Plane und prüfe durch ein Experiment die Stabilität der Verbindung.

Informationen zu den Verbindungstechniken Nageln, Bohren und Schrauben findest du unter www.schroedel.de/downloads-46336.

Übung 1: Nagelverbindungen
- Stelle eine Nagelverbindung her und prüfe die Stabilität.
- Wie verändert sich die Stabilität unter Verwendung anderer Holzarten und unter Zugabe von Holzleim?

____

____

- Welche Vorteile ergeben sich durch die Kombination von Nägeln und Holzleim?

Übung 2: Verbindungen mit Holzdübeln
- Stelle die Eckverbindung mit Holzdübeln her und prüfe die Stabilität. Beachte dabei Sicherheitsregeln.
- Wie verändert sich die Stabilität unter Zugabe von Holzleim?

____

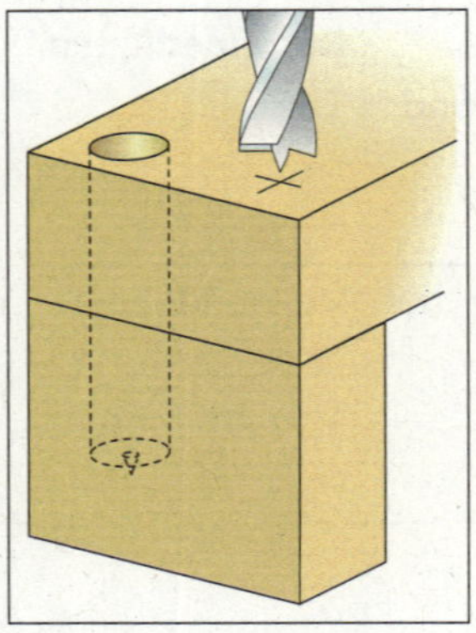

64.1 Dübellöcher bohren

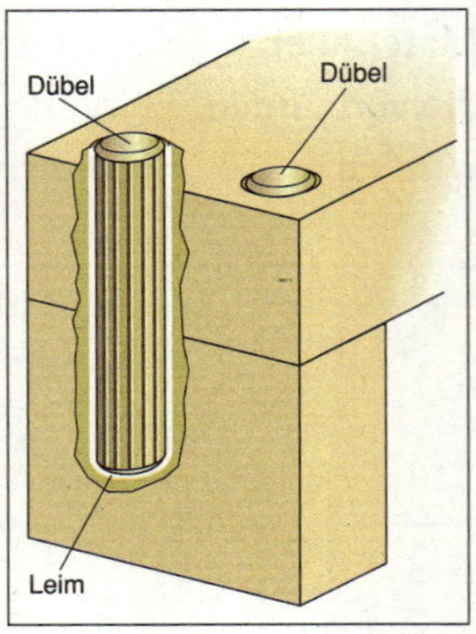

64.2 Dübelverbindung

Übung 3: Geschraubte Verbindungen
- Stelle eine Eckverbindung mit Schrauben her und prüfe die Stabilität.
- Wie verändert sich die Stabilität unter Verwendung anderer Holzarten?

____

____

Tipp
- Stumpfe die Nagelspitze an einer Metallunterlage ab, damit das Holz nicht springt.
- Nägel sollten immer etwa $\frac{2}{3}$ der Gesamtlänge im unteren Holz stecken.

Übung 4: Schraubenkopfformen
Ordne die Begriffe den Schraubenkopfformen zu:
(1) Innensechskantzylinderkopf – (2) Sechskantkopf – (3) Linsenkopf – (4) Rundkopf – (5) Senkkopf – (6) Innensechskantlinsenkopf

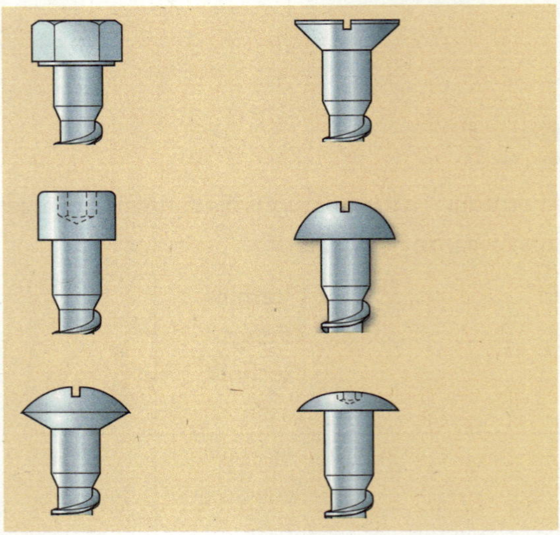

64.3 Schraubenkopfformen

Übung 5: Schraubendrehereinsätze
Ordne die Begriffe den Schraubendrehereinsätzen zu:
(1) Sechskant – (2) Schlitz – (3) Kreuzschlitz – (4) Innensechskant (Inbus) – (5) Torx

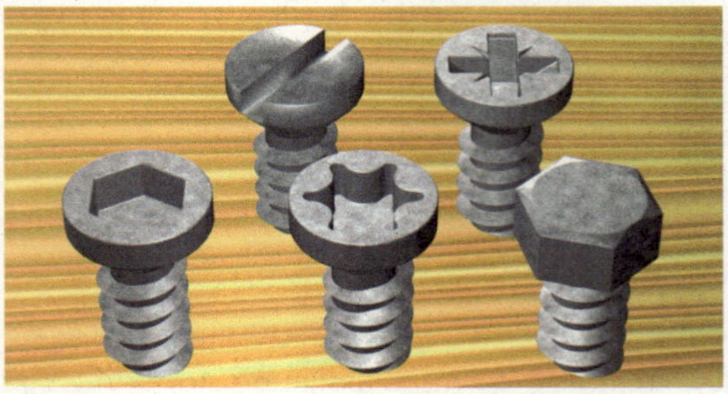

64.4 Schraubendrehereinsätze

Lehrgang: Gewinde schneiden

Außengewinde und Innengewinde

Bei Gewinden unterschiedet man zwischen Außen- und Innengewinden. Sie haben genormte Größen. Um Gewinde zu schneiden, brauchst du neben den Gewindeschneidwerkzeugen (Abb. 65.1) einen Metallschraubstock, einen Körner, einen Metallhammer, Schneidöl, entsprechende Metallbohrer und eine Bohrmaschine. Beim Gewindeschneiden müssen Rundstäbe und Bohrungen mit exakten Durchmessern verwendet werden. Diese kannst du mit einem Messschieber genau bestimmen.

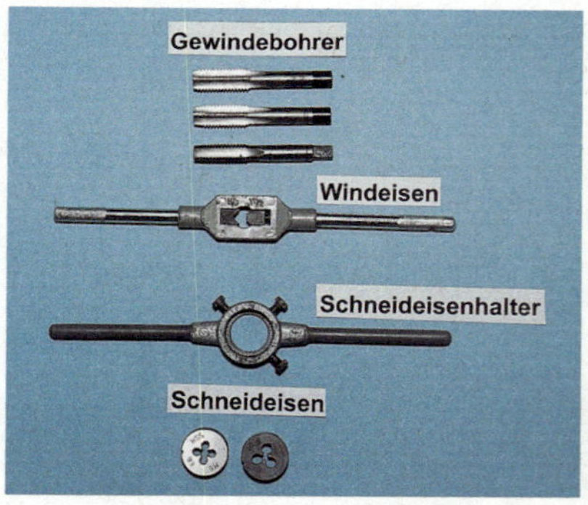

65.1 Gewindeschneidwerkzeuge

Innengewinde werden in der Regel in drei aufeinanderfolgenden Arbeitsschritten geschnitten. Dazu gibt es drei Gewindebohrer, die in ein Windeisen eingespannt werden. Der Vorschneider ist mit einem Ring, der Mittelschneider mit zwei Ringen und der Fertigschneider mit drei Ringen gekennzeichnet. Vermehrt werden bei Innengewinden auch sogenannte Fertigschneider verwendet. Diese schneiden das Gewinde in einem Arbeitsschritt. Außengewinde werden durch ein Schneideisen in einen Stahlrundstab geschnitten. Das Schneideisen wird dazu in den Schneideisenhalter fest eingespannt.

Vorbereitung Außengewinde schneiden
- Materialien/ Werkzeuge besorgen,
- Rundstahl im rechten Winkel zum Schraubstock fest einspannen,
- Den Rundstahl mit einer Feile rundum stark anfasen (im Winkel von 45 Grad Celsius).

↓

Außengewinde schneiden
- Schneideisen im rechten Winkel zum Rundstahl an der Fase ansetzen (Abb. 65.2),
- Schneideisen im Uhrzeigersinn mit leichtem Druck stückweise eindrehen, Schneidöl verwenden,
- Schneideisen immer wieder zurückdrehen, damit die Späne abbrechen.

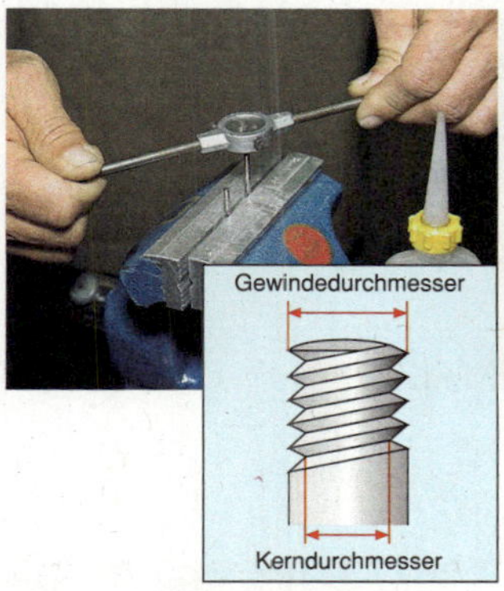

65.2 Schneiden eines Außengewindes

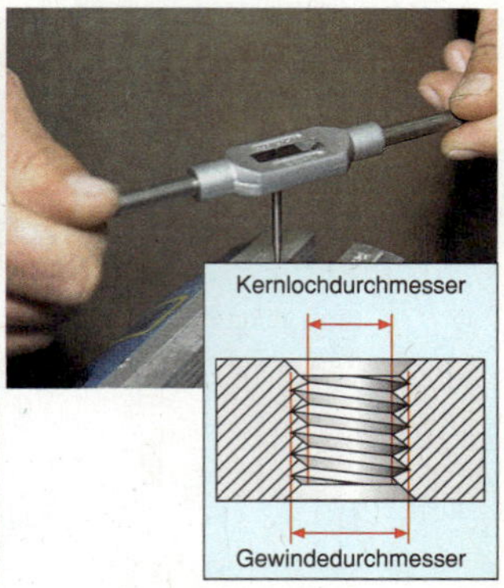

65.3 Schneiden eines Innengewindes

Vorbereitung Innengewinde schneiden
- Materialien/ Werkzeuge besorgen,
- Ankörnen des Bohrlochs,
- Kernloch bohren und stark ansenken.

↓

Innengewinde schneiden
- Gewindebohrer (zuerst den Vorschneider verwenden) im rechten Winkel zum Werkstück ansetzen (Abb. 65.3),
- Gewindebohrer im Uhrzeigersinn mit leichten Druck in das Kernloch eindrehen, Schneidöl verwenden,
- Gewindebohrer immer wieder zurückdrehen, damit die Späne abbrechen,
- Scheidvorgang mit Mittel- und Fertigschneider wiederholen.

↓

Nachbereitung
- Gewindekontrolle mit einer Schraube oder Mutter,
- ggf. das Gewinde nachschneiden.

Info

Einen Lehrgang zum Messschieber findest du auf der Internetseite www. schroedel.de/downloads-46336.

Wie erhöhe ich den Wirkungsgrad?

Der Mensch macht sich regenerative Energien zunutze. Bestimmt kennst du einige Anlagen, die die Energie von Wind, fließendem Wasser, der Sonne usw. in elektrische Energie umwandeln.

Je mehr Energie dabei gewonnen werden soll, desto ausgereifter müssen die Anlagen sein.
Hier siehst du einige Beispiele von Energiewandlern:

66.1 Pelton-Turbine

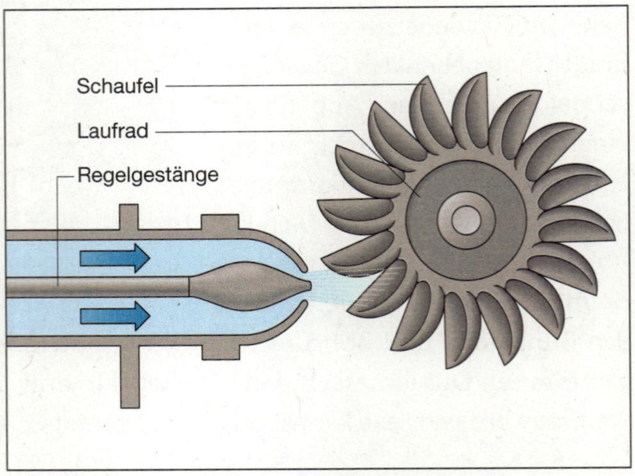

66.2 Zeichnung einer Pelton-Turbine

66.3 Fotovoltaikanlage

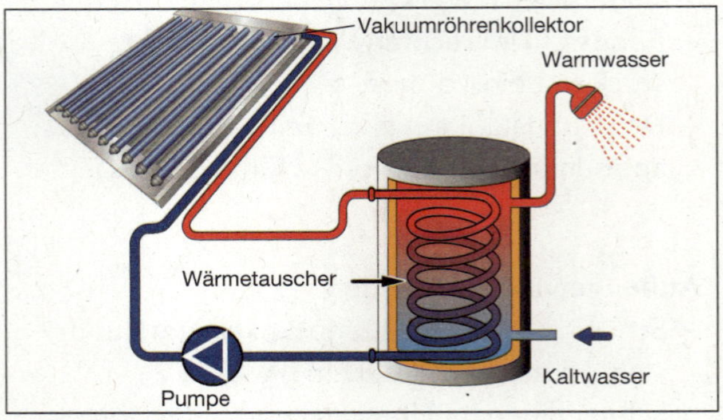

66.4 Funktionsweise eines Solarkollektors

66.5 Windpark

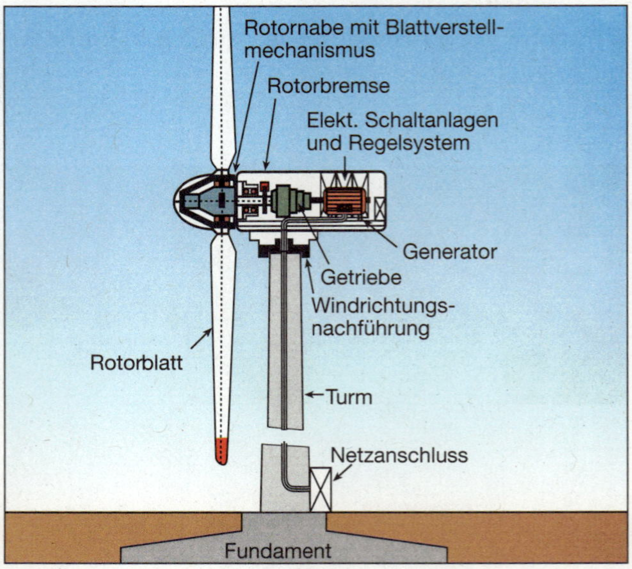

66.6 Schnitt einer Windkraftanlage

Bei der Entwicklung dieser Anlagen soll immer ein möglichst hoher Wirkungsgrad erzielt werden. Nun bist du dran. Überlege dir, wie du deinen Energiewandler bauen kannst, um einen möglichst hohen Wirkungsgrad zu erzielen. Er soll möglichst viel Energie in elektrische Energie oder Wärmeenergie umwandeln.

Welche Stellen an deinem Energiewandler sind die, an denen das meiste optimiert werden kann?

Windrad: leichte Rotorblätter, pofilierte Rotoren, Lagerung für die Drehbewegungen, Übersetzung für schnellere Drehbewegungen am Generator, Generator passend zur LED, Windruder richtet das Windrad aus.

Turbine: hoher Wasserdruck, Geschwindigkeit des Wassers erhöhen, gute Isolierung gegen Wasser, gute Lagerung, Übersetzung für schnellere Drehbewegungen am Generator, Generator passend zur LED, passend geformte Schaufelräder, leichtes Turbinenrad, schneller Wasserablauf.

Solarkollektor: Nutzen des Treibhauseffektes, gute Isolierung, gute Wärmeleiter, kleiner Schlauchdurchmesser, Farbe des Schlauches und des Absorbers, Material des Absorbers, Wasserpumpe, Wärmetauscher.

Wie kannst du mit einfachen Mitteln optimieren? Hier siehst du einige **Ideenkärtchen**:

Als Generator kannst du einen kleinen Elektromotor verwenden.

Ein Generator muss schnell drehen. Übersetze die Bewegung.

Steht der Speicher über dem Kollektor, brauchst du keine Pumpe.

Schwarzes Blech wird in der Sonne besonders heiß.

Schwarze, dünne Bewässerungsschläuche sind gut biegsam. Für sie gibt es auch Verbinder und Abzweigungen.

Lüfter aus dem PC sind gute Turbinen, wenn man den Motor gegen Wasser abdichtet oder ihn durch eine Welle vom Wasser fernhält.

Mit Lagern von einem Skateboard lässt sich eine Achse gut lagern.

Einwegspritzen sind gute Düsen.

Mit Lochband kann man vieles befestigen.

Leuchtdioden brauchen weniger Energie als Glühlämpchen.

Wasser aus dem Wasserhahn hat einen hohen Druck.

Fahrradfelgen lassen sich gut zu Windrädern umbauen.

Tischtennisbälle und Überraschungseier sind gute Schaufelräder.

Wasserpumpen aus Aquarien kannst du gut verwenden.

Styropor ist einfach zu bearbeiten und es isoliert dazu.

Aufgaben

1 Schneide ein DIN-A4-Blatt in sechs bis zehn Zettel.

2 Schreibe auf diese Ideenkärtchen deine eigenen Lösungsideen zu den Fragen:
  a) Welches sind die passenden Materialien für mein Projekt?
  b) Gibt es die Teile, die du benötigst, schon zu einem anderen Zweck? Hast du sie zu Hause?

3 Tauscht eure Ideenkärtchen im Team aus.

4 Wählt die besten Ideen aus.

5 Legt fest, wer was besorgt.

Lehrgang: Löten

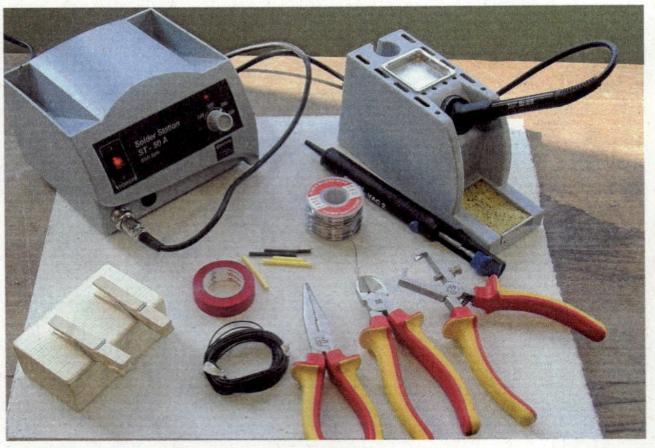

68.1 Werkzeuge, Lötstation und Materialien

Mit dem Lötkolben richtig umgehen

Damit elektrischer Strom fließen kann, müssen in der Elektrotechnik Bauteile oder Kabel elektrisch leitend miteinander verbunden werden. Diese Verbindung kannst du leicht durch Löten herstellen.

Vorbereitung
- Materialien/Werkzeuge besorgen.
- Kabelkontrolle vor dem Einstecken.
- Lötkolbenspitze reinigen, z. B. durch abschmirgeln.
- Bauteile vorbereiten.

↓

Löten
- Zuerst die lötenden Teile erhitzen.
- Lötzinn auf Lötstelle (nicht auf den Lötkolben) zugeben und zerfließen lassen.
- Lötkolben und Lötzinn wegnehmen.
- Bauteile ruhig halten, bis das Lötzinn erkaltet ist.

↓

Nachbereitung
- Sichtkontrolle
- Ist die Lötstelle glatt und glänzend?
- Stehen keine Lötreste über?
- Zugkontrolle
- Hält die Lötstelle Zugkräfte aus?
- Aufräumen, sobald der Lötkolben abgekühlt ist.

Beim Löten wird mittels Wärme eine leicht schmelzbare Metalllegierung (Lötzinn) zwischen die zu verbindenden Teile gebracht. Über das Lötzinn verbinden sie sich stoffschlüssig miteinander.

Das Lötzinn besteht aus verschiedenen Metallen (z. B. Zink und Blei) und einem Flussmittel (Kolophonium), welches das Lötzinn leichter fließen lässt und die Lötoberfläche verbessert.

Zum Löten brauchst du:
- die zu lötenden Kabel oder Bauteile,
- einen Lötkolben oder eine Lötstation,
- eine feuerfeste Unterlage (z.B. ein Metallblech),
- Lötzinn,
- feines Schleifpapier,
- eine Lötkolbenhalterung mit einem feuchten Schwamm,
- eine Abisolierzange,
- eine Flachzange
- und einen Seitenschneider.

Gefahren beim Löten
Verbrennungen

An der Lötspitze entstehen hohe Temperaturen.
- Arbeite behutsam, damit es nicht zu Verbrennungen der Haut kommt.
- Erhitze Bauteile nur kurz, sonst können sie zerstört werden.
- Verbrenne keine Isolierungen. Diese enthalten giftige Dämpfe. Sorge für ausreichende Belüftung.

Beschädigungen am Netzkabel
- Kontrolliere vor dem Einstecken das Netzkabel und melde Beschädigungen sofort.
- Verwende eine Lötkolbenhalterung und sorge für einen ordentlichen Arbeitsplatz.

Tipp

Aus einem Holzklotz und Holzwäscheklammern kannst du dir leicht ein Hilfsmittel herstellen.

Erste Lötübungen

1 Mit den folgenden Übungen kannst du das Löten üben und dich für euer Projekt fit machen. Ergänze die fehlenden Wörter oder Satzteile in Übung 2.

Übung 1: Kabel oder Bauteile verbinden
- Kabelenden abisolieren und verzinnen.
- Zusammengehaltene Enden mit Lötkolben erhitzen, falls notwendig noch Lötzinn zugeben.
- Sicht- und Zugkontrolle.
- Lötstelle isolieren (z. B. mit Schrumpfschlauch oder Isolierband).

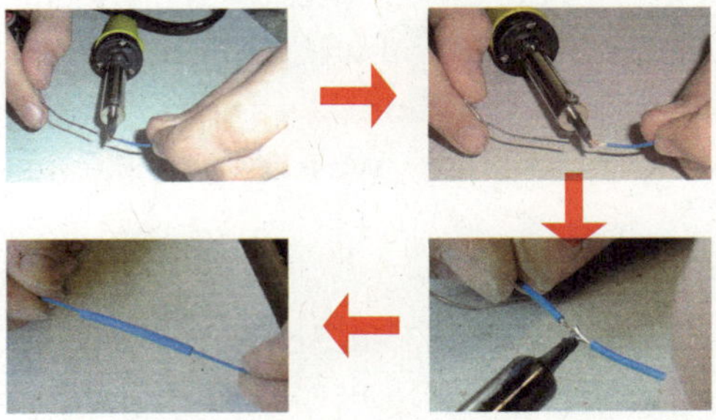
69.1 Zwei Kabel werden miteinander verbunden.

Übung 2: Bauteile mit einem Kabel verbinden
- Kontakte der Bauteile und Kabelenden

  ________________ (siehe Übung 1).
- Verzinnte Kontakte mit Lötkolben erhitzen

  ________________________________.
- ________________________________.
- Lötstelle

  ________________________________.

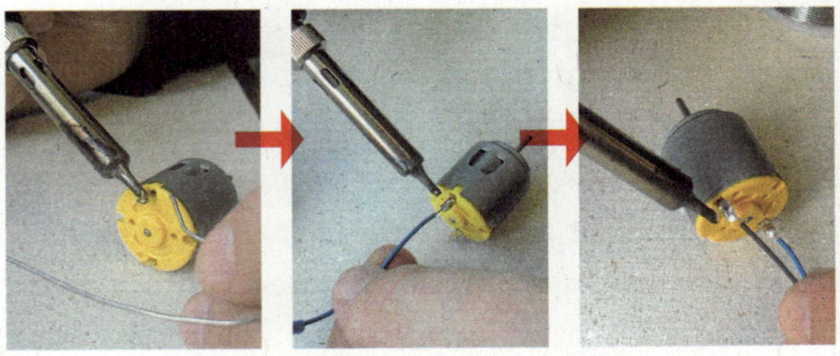
69.2 Ein Kabel wird an einen Generator angelötet.

Übung 3: Eine Platine bestücken
- Platine mit Bauteilen (z. B. Leuchtdioden) bestücken.
- Kupferbahn der Platine und Abschlussdraht mit dem Lötkolben erhitzen.
- Lötzinn zugeben.
- Sicht- und Zugkontrolle.

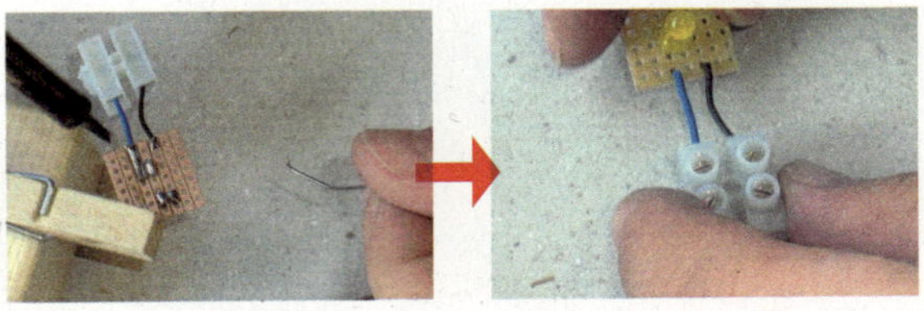
69.3 Eine LED wird mit Vorwiderstand in eine Streifenplatine gelötet und kann an zwei Lüsterklemmen angeschlossen werden.

Übung 4: Prüfkabel herstellen
- Kabelenden ablängen und abisolieren.
- Kabelenden und Anschlussstelle verzinnen.
- Kabelenden an Anschlussstelle löten.
- Sicht- und Zugkontrolle.

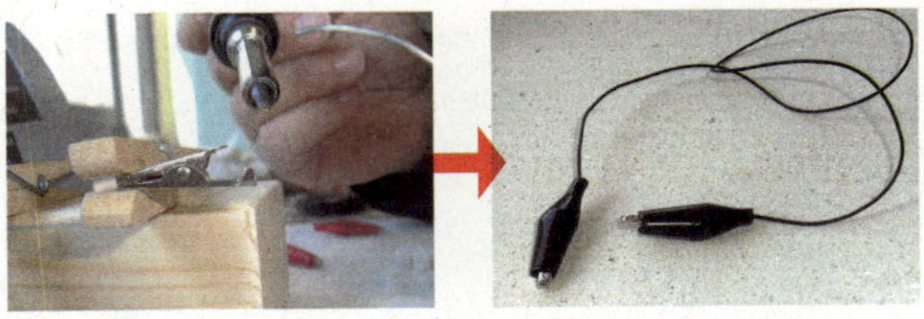
69.4 Ein Kabel mit Krokoklemmen wird hergestellt.

Tipp

Um deine Lötfertigkeit zu verbessern, kannst du mit Silber- oder Kupferdraht gelötete Kunstwerke herstellen. Damit dein Kunstwerk gut aussieht, ziehe ihn vor dem Löten mit einer Zange an einem Metallschraubstock gerade.

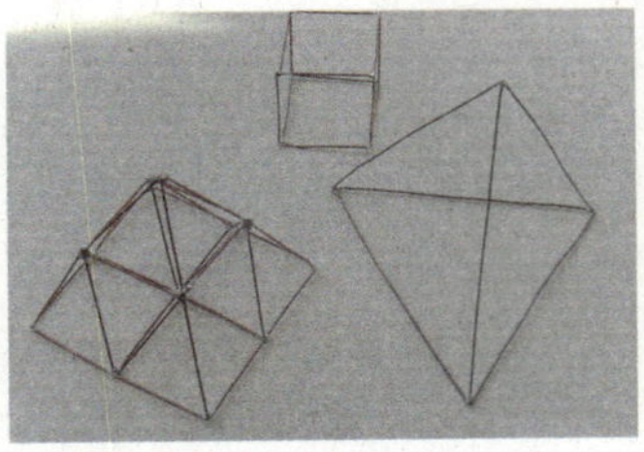
69.5 Gelötete Figuren

Projektauswertung

Messverfahren

Um die Effektivität eures Energiewandlers bewerten zu können, müsst ihr die jeweils wichtigen physikalischen Größen messen. So könnt ihr z. B. bei einem selbst gebauten Sonnenkollektor die Temperaturen des ein- bzw. ausströmenden Wassers miteinander vergleichen. Je größer dieser Temperaturunterschied ist, desto wirksamer ist euer Energiewandler. Bei einer selbst gebauten Pelton-Turbine (vgl. Seite 66) ist die vom Generator bereitgestellte elektrische Spannung ein Maß für die Effektivität eures Energiewandlers.

Temperaturen messen

Einer Schülerin ist es zu heiß, ein Schüler friert und du fühlst dich gerade richtig wohl. Über Temperaturen könnt ihr euch prima streiten, denn alle haben Recht. Jeder empfindet Wärme anders.
Häufig müssen jedoch bestimmte Temperaturen eingehalten werden, z. B. die Temperatur des Badewassers für ein Baby oder die Wassertemperatur in einem Aquarium. Dann reicht unser Temperaturempfinden nicht aus. Es muss ein Messgerät eingesetzt werden, mit dem du Temperaturen messen kannst, ein Thermometer.

70.1 Wer hat denn nun Recht?

Aufbau eines Flüssigkeitsthermometers

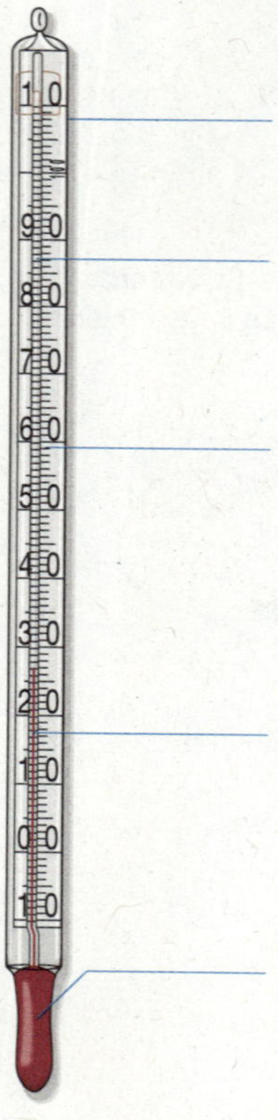

Glaskörper: Ein Glasrohr schützt die inneren Bauteile.

Steigrohr: Ein dünnes Glasrohr ermöglicht der farbigen Flüssigkeit, sich auf und ab zu bewegen.

Skala: Sie ermöglicht das Ablesen der Temperatur. Die Skala besteht aus vielen Teilstrichen. Neben jedem 10. Strich steht eine Zahl.

Thermoflüssigkeit: Das Ende der Flüssigkeitssäule zeigt die Temperatur an.

Vorratsbehälter: Er ist mit einer farbigen Flüssigkeit gefüllt und mit dem Steigrohr verbunden. Er ist zugleich auch der Messfühler des Thermometers.

Messen und Ablesen von Temperaturen

Beim Ablesen von Temperaturen solltest du auf Folgendes achten:

- Tauche den Vorratsbehälter vollständig in die Flüssigkeit ein.
- Warte beim Messen, bis sich die Flüssigkeitssäule nicht mehr bewegt.
- Schaue beim Ablesen der Temperatur senkrecht auf die Skala, sonst können sich Messfehler einschleichen.
- Lies die Temperatur zügig ab. Nimm das Thermometer dazu möglichst nicht aus der Flüssigkeit heraus.

Aufgaben

1 Nenne Beispiele, bei denen es wichtig ist, eine bestimmte Temperatur genau einzuhalten.

2 Welche Thermometer gibt es bei dir in der Wohnung oder im Haus? Wozu werden sie benutzt und welche Messbereiche haben sie?

3 Habt ihr im Projekt einen Sonnenkollektor gebaut, so bestimmt den Temperaturunterschied des ein- und ausströmenden Wassers.

Spannungen messen

Um elektrische Spannungen zu messen, benutzt man einen Spannungsmesser, ein sogenanntes Voltmeter. Es wird parallel zur Spannungsquelle geschaltet (Abb. 71.1). Bei der Messung einer Gleichspannung, wird der Minuspol (–) des Messgeräts mit dem Minuspol der Spannungsquelle und der Pluspol (+) des Messgeräts mit dem Pluspol der Spannungsquelle verbunden.

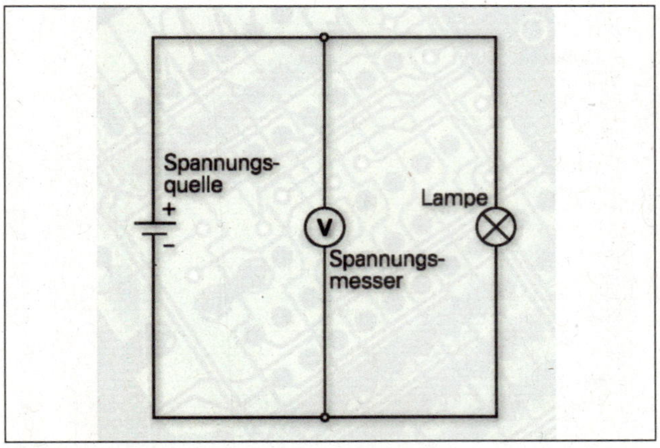

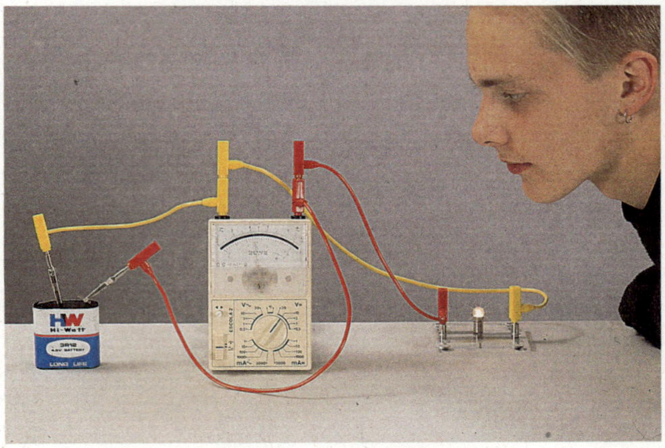

71.1 Spannungsmesser werden parallel geschaltet (links: Schaltplan, rechts: dazugehörender Versuchsaufbau).

Bei Vielfachmessgeräten (Multimetern, Abb 71.2) können neben der elektrischen Spannung weitere Größen gemessen werden. Daher stellt man das Gerät zunächst auf die Spannungsmessung ein, wobei zwischen Gleichspannung (= oder DC) und Wechselspannung (~ oder AC) zu unterscheiden ist. Außerdem können bei jeder Größe verschiedene Messbereiche eingestellt werden. Zum Beispiel können bei einem Messbereich von 60 Volt ausschließlich Spannungen bis 60 Volt gemessen werden. Bei höheren Spannungen kann das Messgerät Schaden nehmen. Deshalb sollte zu Beginn einer Messung stets der höchste Messbereich eingestellt werden. Falls der Zeigerausschlag (die Digitalanzeige) zu gering ist, wird auf den nächst kleineren Messbereich umgeschaltet.

71.2 Multimeter

Aufgaben

1 Überprüft mit einem Voltmeter die Spannung von Batterien und Akkus.
Stimmen eure Messwerte mit den Angaben des Herstellers überein?

2 Baut eine Zitronenbatterie mit zwei unterschiedlichen Metallen.
a) Probiert mehrere Metallkombinationen aus und messt jeweils die Spannung.
b) Notiert die Versuchsergebnisse in einer Tabelle.

3 Habt ihr im Projekt eine Turbine gebaut, so messt die vom Generator erzeugte Spannung.

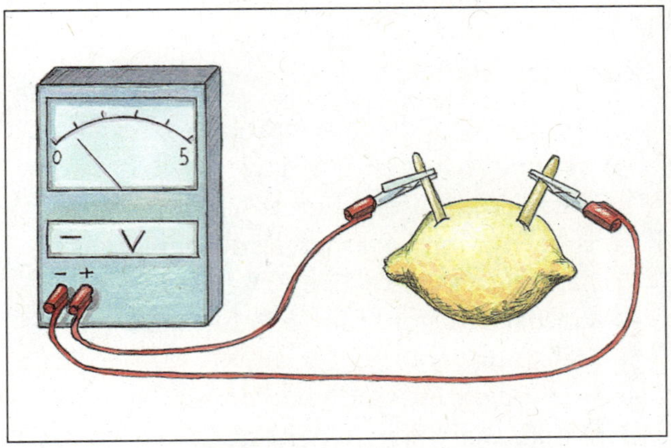

71.3 Zitronenbatterie mit unterschiedlichen Metallen

Ein Drehbuch für eine Präsentation erstellen

Unabhängig davon, ob man einen Film dreht oder eine Präsentation erstellt: Alle Arbeitsschritte müssen gut überlegt und geplant sein. Ausgangspunkt ist immer ein „Drehbuch", in dem die „Szenen" (Folien) beschrieben werden. Haltet besonders in der Gruppenarbeit schriftlich fest, wer welche Folie bearbeitet. So werden doppelte Bearbeitungen vermieden und der Austausch der Informationen ist leichter und besser nachvollziehbar. Es gilt der Grundsatz: „Eine gute Planung ist der halbe Erfolg!"

Drehbuch

für die Präsentation: **Unterschiedliche Temperaturskalen**

Erstellt von:	Jan, Lisa, Patrik, Jens, Uli
Gruppenleiter/in:	Jan

Thema und Inhalte der Präsentation:	• Welches sind die wichtigsten Temperaturskalen • Was sind Fixpunkte, was ist ein Fundamentalabstand • Wer waren Celsius, Kelvin und Fahrenheit • Wo finden die Temperaturskalen ihre Anwendung

Vorüberlegungen

Publikum/Zielgruppe:	TuN-Kurs Klasse 8

Folientitel: Die wichtigsten Temperaturskalen

Ziele der Folie: (informieren, anregen ...)	informieren
Inhalte der Folie:	Darstellung unterschiedlicher Temperaturskalen

Zuständigkeiten

Verantwortliche(r):	Lisa
Wer erstellt die Texte?	Jan
Wer besorgt die Bilder?	Patrik
Wer besorgt Videos usw.?	Uli
Wer hält den Kontakt zu den anderen Gruppen?	Lisa
Wer trägt die Folie vor?	Jens

Inhalte

Texte:	-/-
Bilder, Videos ...:	Thermometer, Zeitleiste
Quellen:	Physikbuch, Wikipedia
Zahlen (Statistiken ...):	-/-

Vortrag

gesprochener Vortragstext:	„Hier sind die wichtigsten Temperaturskalen dargestellt. Die älteste der gezeigten Skalen ist die von Römer, die jüngste ist die von Kelvin ..."

72.1-2 Beispiele für ein Drehbuch

Vorüberlegungen

Zum Thema:

– Woher bekomme ich Informationen zum Thema (Bibliothek, Internet ...)?
– Gibt es zu diesem Thema Bilder, Videos, Töne, Diagramme ...?
– Wie erkenne ich wichtige Informationen?
– Wie fasse ich das Wichtigste zusammen?

Zur Präsentation:

– Vor wem wird die Präsentation vorgestellt: vor der Klasse, den Eltern ...?
– Wie soll die Präsentation vorgeführt werden: als Referat mit Sprecher, als automatische Diashow, als interaktive Anwendung ...?
– Wie viel Zeit steht für die Präsentation zur Verfügung?
– Wo wird die Präsentation vorgestellt: im Klassenzimmer, in der Aula ...?

Als Hilfe für die Drehbucherstellung findest du auf der Internetseite www.schroedel.de/downloads-46336. Datei „Drehbuchvorlage.doc". Kopiere sie in das Tauschverzeichnis der Klasse und fülle sie mit deinen Mitschülern aus.

Tipp

Siehe auch Seite 8: „Zusammenarbeit im Intranet".

Aufgaben

1 Besprecht in der Gruppe, wie die Aufgaben für die Erstellung einer Präsentation verteilt werden.

2 Entwirf ein Drehbuch für eine Präsentation, z. B. zum Thema „Produktionsfaktoren". Als Beispiel für die Präsentation kannst du dir die Datei „Produktionsfaktoren.pdf" auf der Internetseite www.schroedel.de/downloads- 46336 ansehen.

Eigen- und Fremdbewertungen

Mithilfe dieser Bewertungs- und Diagnosemethoden könnt ihr eure Zusammenarbeit und eure Ergebnisse bewerten. Um euer Ergebnis und eure Zusammenarbeit optimal zu gestalten, ist es sinnvoll, die Bewertungen auch in Zwischenphasen der Projekte durchzuführen.

Produktbewertung

1 Markiere an jedem Teilfeld einen entsprechenden Bewertungspunkt. Werte dein Ergebnis im Plenum aus.

Die Funktion ist ...
1: optimal erreicht
3: erreicht
6: nicht erreicht

Die Verarbeitung ist ...
1: überall gelungen
3: o.k.
6: sehr unsauber

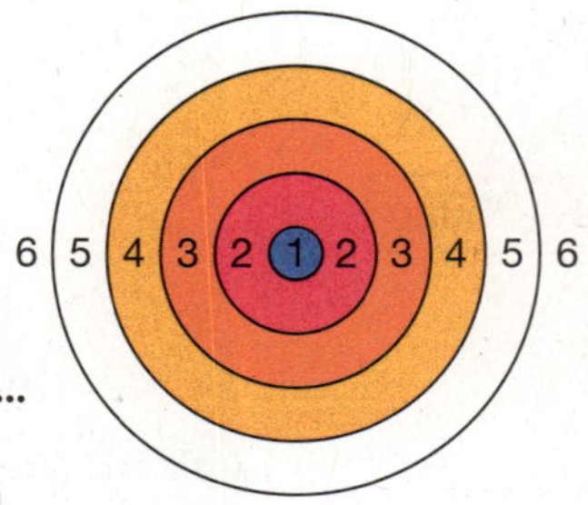

Die Dokumentation/ Gesamtpräsentation ist ...
1: sehr gut
3: befriedigend
6: ungenügend

Das Ergebnis wurde ...
1: im Team erreicht
3: von wenigen erreicht
6: von einzelnen erreicht

Prozessbewertung

2 Markiere an jedem Kriterium in der Tabelle den Ist-Stand im Projektverlauf. Deine Lehrkraft soll dich auch bewerten.

a) Finde heraus, ob sich die Bewertungen unterscheiden.

b) Sucht in der Gruppe nach Ursachen und trefft Vereinbarungen, um die Unterschiede gegebenenfalls auszugleichen.

	☺☺	☺	😐	☹
Zeitmanagement				
Gefundene Lösungen zu den Problemfeldern				
Konzentration des Einzelnen				
Zusammenarbeit und Arbeitsaufteilung im Team				
Konstruktive Klärung von Konflikten im Team				

Teambewertung

3 Findet geeignete Bewertungskriterien zur Team arbeit. Tragt eure Namen in die erste Spalte und Zeile ein.

a) Bewertet euch nach den genannten Kriterien zunächst selbst (schattierte Felder).

b) Bewertet nun jeweils die anderen aus der Gruppe.

c) Findet eine Gesamtbewertung für jede Person.

– sehr gute Teamarbeit heißt ... ↑
– gute Teamarbeit heißt ... ↗
– schlechte Teamarbeit heißt ... ↘
– sehr schlechte Teamarbeit heißt ... ↓

zu bewertende Person / bewertende Person	Name 1:	Name 2:	Name 3:	Name 4:
Name 1:				
Name 2:				
Name 3:				
Name 4:				
Gesamtbewertung				

Was mache ich im Praktikum?

Vor dem Praktikum

Ein Betriebspraktikum gibt dir die Gelegenheit, die Arbeitswelt kennenzulernen.

Fragenkatalog

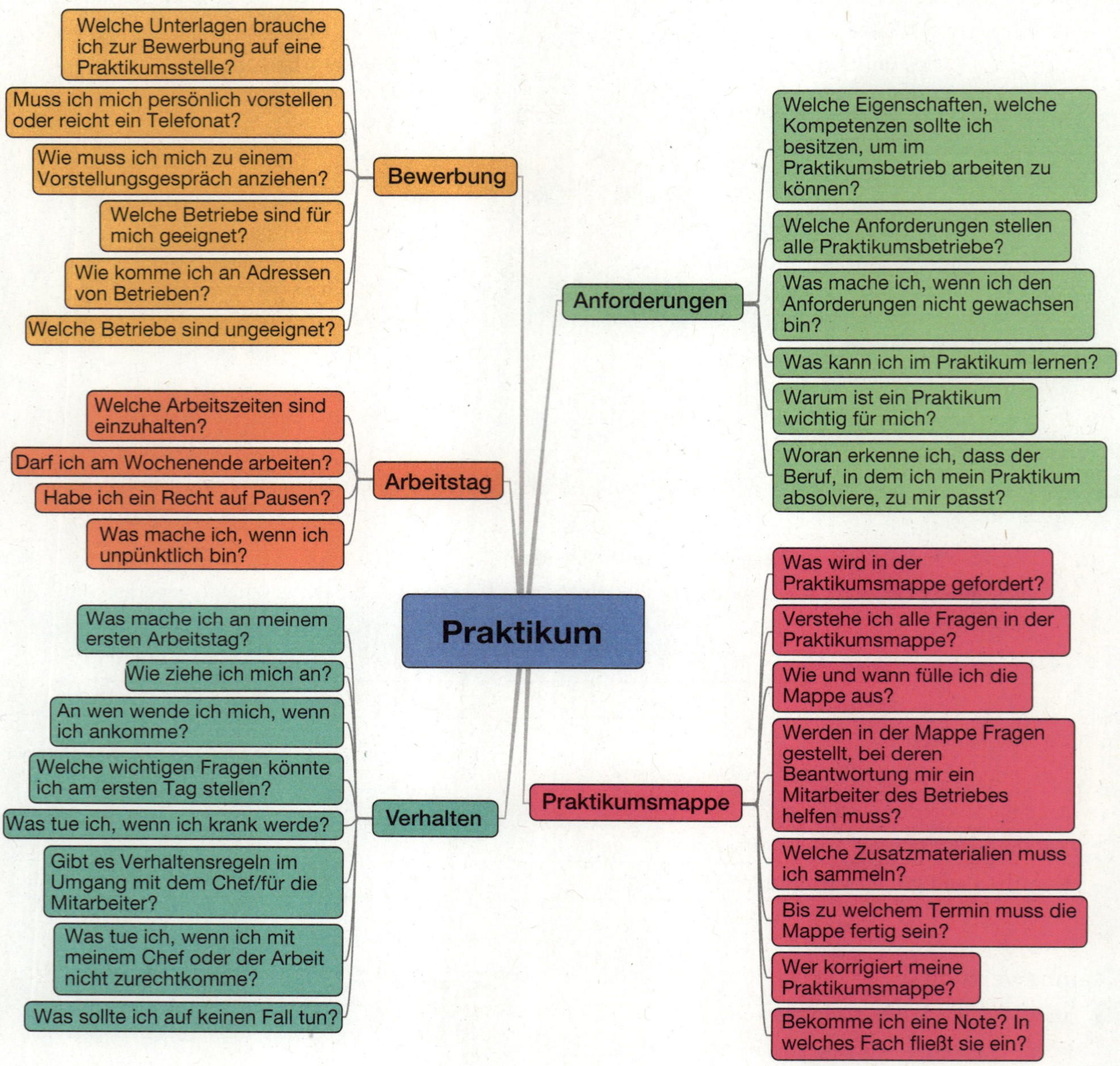

Aufgaben

1. Beantworte die Fragen aus der Mindmap. Ergänze dazu eine eigene Mindmap.
2. Erstelle die Mindmap am PC.
3. Diskutiert in der Gruppe über unklare Antworten oder Fragen.
4. Interviewe Lehrer, Eltern und Bekannte zu den Fragen.

Nach dem Praktikum

Du hast dein Praktikum absolviert und viele Erfahrungen gesammelt. Welche Tätigkeiten ein Arbeitnehmer in deinem Praktikumsberuf ausführt und welche Anforderungen an ihn gestellt werden, kannst du gut beurteilen. Für die TuN-Gruppe ist es interessant, etwas über deinen erkundeten Beruf und über deine Erfahrungen zu hören. Eventuell interessiert sich der ein oder andere für diesen Beruf und möchte sein nächstes Praktikum in einem ähnlichen Betrieb wie du absolvieren.

Spickkärtchen für die Vorstellung

Versuche, den Inhalt der „Spickkärtchen" bei deiner Vorstellung zu berücksichtigen.

Mit welchen Materialien, Werkzeugen und Maschinen arbeitet man?	Welche handwerklichen Tätigkeiten werden ausgeführt?	Welche Planungstätigkeiten werden ausgeführt?
Was stellt der Betrieb her? Welche Dienstleistung wird erbracht?	In welcher Weise hat man mit Kunden zu tun?	Welche Tätigkeiten führte ich aus?
Welche Voraussetzungen bzgl. des eigenen Verhaltens sollte man mitbringen?	Welche körperlichen Voraussetzungen sollte man mitbringen?	Welche geistigen Voraussetzungen sollte man mitbringen?
Wie viel verdient man im ersten Ausbildungsjahr? Wie viel danach? Wie lange dauert die Ausbildung?	Wie kann man sich nach der Ausbildung weiterqualifizieren?	Wie zufrieden waren meine Kollegen mit ihrem Beruf?
Was hat mir am meisten Spaß gemacht? Was am wenigsten?	Kann ich den Beruf weiterempfehlen? Warum?	Kann ich mir vorstellen, in diesem Beruf eine Ausbildung zu machen?

1 Stelle den Beruf der gesamten TuN-Gruppe vor. Nutze eine der folgenden Präsentationsmöglichkeiten: PowerPoint-Präsentation, Plakat, Planspiel, Collage oder denke dir selbst eine passende Methode zur Präsentation aus.

2 Fülle die Kärtchen aus oder beantworte die Fragen auf eine andere Art.

3 Kopiere diese Seite. Schneide dann die Kärtchen für die Vorstellung aus.

4 Erstelle eine sinnvolle Reihenfolge für die Präsentation. Nummeriere die Kärtchen in den Kreisen.

5 Wenn du weitere Besonderheiten über den Beruf berichten kannst, erstellst du eigene Kärtchen.

Überprüfe deine Kompetenzen

1 Lies dir die einzelnen Fragen genau durch und überlege, wie gut du das Beschriebene erfüllen kannst. Vervollständige den entsprechenden Smiley (Spalte „Ich").

2 Falte den Teil mit Spalte „Ich" zurück.

3 Danach gibst du die beiden Seiten weiter. Lasse dich von einem Mitschüler aus deiner Gruppe beurteilen (Spalte „Du").

4 Falte den Teil mit Spalte „Du" zurück.

5 Deine Lehrerin/dein Lehrer beurteilt dich (Spalte „Lehrer").

			2. Falz	1. Falz
Kompetenzbeschreibung	**mögliche Situation**	**Lehrer**	**Du**	**Ich**
Ich kann … (Du kannst …)		Bewertungen		
… ein technisches Problem erkennen und Lösungsmöglichkeiten finden.	Ich habe ein Nadellager hergestellt, damit sich die Turbine besser dreht.			
… an naturwissenschaftliche Gesetzmäßigkeiten denken, um etwas zu entwickeln.	Ich habe einen Elektromotor als Generator benutzt.			
… Kriterien beschreiben, wie mein Werkstück aussehen und funktionieren soll? … mich beim Bau danach richten.	Ich habe beim Bau des Wind-/Wasserrades das Ziel gehabt, eine LED zum Leuchten bringen.			
… gezielt Informationen aus verschiedenen Quellen (auch Internet) entnehmen.	Ich habe im Internet, in Zeitschriften und in Büchern gesucht und mir das Wichtigste herausgeschrieben.			
… diese Informationen für mein Projekt nutzen.	Ich habe ein Beispiel für ein Windruder gefunden und es ähnlich konstruiert.			
… Werkzeuge, Maschinen und Geräte sicher und fachgerecht benutzen.	Mit der Dekupiersäge kann ich sicher und genau arbeiten.			
… selbstständig handwerkliche Techniken anwenden.	Einige Verbindungen habe ich mit Nieten hergestellt.			
… immer auf Sicherheit achten.	Bei elektrischen Geräten kontrolliere ich immer das Kabel, bevor ich den Stecker in die Steckdose stecke.			
… Gefahrenschilder deuten.	Ich kenne alle Gefahrenschilder aus dem Praktikum.			

… auswählen, welche Materialien für den Bau des Werkstückes geeignet sind.	Kunststoff war für den Bau der Turbinenschaufeln geeigneter als Holz.			
… mich fachmännisch zu dem äußern, was ich baue und wie es in der Technik funktioniert.	Den Wasserdruck an meinen Turbinenschaufeln habe ich durch den Einsatz von Einwegspritzen erhöht, so wie Düsen an einer Pelton-Turbine.			
… technische Zeichnungen in einem Maßstab erstellen.	Ich habe eine Zeichnung mit zwei verschiedenen Ansichten im Maßstab 2:1 erstellt.			
… Diagramme verstehen.	Ich kann die Reichweite verschiedener fossiler Energieträger aus einem Balkendiagramm ablesen.			
… Diagramme am PC erstellen.	Für meine PC-Präsentation habe ich ein Kreisdiagramm mit einem Kalkulationsprogramm erstellt.			
… beschreiben, wie ich etwas baue.	Ich habe regelmäßig Stundenprotokolle geführt und sie meinen Eltern erklärt.			
… beschreiben, wie etwas in der Realität, der Technik und der Arbeitswelt funktioniert. … Zusammenhänge beschreiben.	Ich habe die Turbinenschaufeln in Serie produziert, wie in einem Industrieunternehmen.			
… beschreiben, wie ich etwas besser machen kann, auch im Team, um ein vorgegebenes Ergebnis zu erzielen.	Ich habe mit meinen Teampartnern immer wieder Verbesserungen erkannt und beim Werkstück eingearbeitet.			
… erklären, warum einiges in unserer Umwelt und der Technik ökologischer oder günstiger ist.	Die Stromerzeugung mit Fotovoltaikzellen ist ökologisch aber recht teuer – aber weniger ökologisch als mit Windrädern.			
… beurteilen, ob ein Werkstück den Kriterien entspricht und ob im Team gut gearbeitet wurde.	Ich habe die Werkstücke anderer Teams und auch, wie sie miteinander gearbeitet haben, beurteilt.			
… beurteilen, ob ein Gerät effektiv ist.	Der Kühlschrank bei mir zu Hause ist alt und braucht viel Strom.			

6 Vergleiche nun alle Bewertungen. Gibt es Bewertungen anderer, die mit deiner Bewertung überhaupt nicht übereinstimmen?

a) Woran könnte dies liegen? Formuliere in ganzen Sätzen.

b) Wie kannst du dich verbessern. Beschreibe genau.

Berufe im Bereich Energie

Willkommen in der Zukunft – Wir fördern Ihre Talente

Sie suchen ein zukunftssicheres und abwechslungsreiches Tätigkeitsfeld?
Sie suchen einen Praktikumsplatz?
Sie wollen einen praktischen Beruf ergreifen?
Sie möchten gerne im kaufmännischen Bereich arbeiten?

Sie beabsichtigen ein Studium zu absolvieren?
Sie suchen einen Job nach einer abgeschlossenen Ausbildung oder einem Studium?

Die Bereiche der Entwicklungsmöglichkeiten in unserem Unternehmen sind vielfältig. Wir bieten Ihnen alle Möglichkeiten und Chancen. Es stehen Ihnen alle Wege offen.

Als führendes Energiewirtschaftsunternehmen qualifizieren wir unsere Mitarbeiterinnen und Mitarbeiter innovativ und auf fachlich hohem Niveau.
Lösungen zu finden, ist unser Tagesgeschäft.

Wir erwarten von Ihnen hohe Einsatzbereitschaft, persönliches Engagement und die Fähigkeit, in einem Team zu arbeiten. Sie werden leichte bis herausfordernde Projekte übernehmen und mit einem Team lösen. Persönlichkeitsbildende Seminare und Kurse unterstützen Sie dabei, sie werden Ihre Professionalität stützen.

Unsere Möglichkeiten sind Ihre Möglichkeiten – besuchen Sie unser Online-Portal und bewerben Sie sich.
bewerbung@Energieundarbeit.de

Handwerk – Wir bilden aus ...

Ausbildungsstelle zum

Elektroniker/-in für Energie- und Gebäudetechnik

ab dem 01.09. frei.

Senden Sie bitte Ihre aussagekräftige, schriftliche Bewerbung an Elektro-Müller, Marxstr.10, 76829 Landau

---

Handwerkskammer
Frankfurt-Rhein-Main

78.1 Logo einer Handwerkskammer

Aufgaben

1 Worin unterscheiden sich die beiden Anzeigen bzw. Arbeitgeber?

2 Finde Berufe im Bereich Energiewirtschaft.
  a) Welche Kompetenzen werden jeweils erwartet?
  b) Stelle deine Ergebnisse mit einer geeigneten Methode dar.

3 Informiere dich über Bewerbungsstandards in schriftlicher und digitaler Form. Notiere jeweils Tipps.

4 Erstelle eine schriftliche Bewerbung für ein Praktikum.

5 Stelle deine Bewerbung mit einem Präsentationsprogramm vor.

6 Überlege, welche Gründe für eine Bewerbung auf die abgebildeten Stellen sprechen könnten.

R Rückspiegel: Klassenarbeit

Wer wüsste nicht gerne vor der Klassenarbeit schon, wie diese aussehen wird? Du könntest gezielt lernen und nicht dem Zufall überlassen, was gefragt wird. Hier findest du ein Beispiel für eine Klassenarbeit. Aber Achtung! Ob diese Klassenarbeit auch so geschrieben wird, hängt von deiner Lehrerin, deinem Lehrer ab. Sie dient auf jeden Fall der Übung.

Klassenarbeit Wahlpflichtfach TuN Klasse 8 **Name:**

1. Beschreibe euer Projekt anhand eines Flussdiagrammes oder einer Mindmap. Denke an alle Phasen von der Planung bis zur Präsentation der Ergebnisse. Denke an deine Stundenprotokolle!
6 Pkt.

2. Lege eine Tabelle an und ordne sechs Handwerkzeuge mit Fachbegriff ein. Beschreibe jeweils, wozu sie dienen. (Keine Maschinen!)
6 Pkt.

3. Nenne vier regenerative Energien. Beschreibe bei einer genau, wie aus dieser Energie eine für den Menschen nutzbare gemacht werden kann.
6 Pkt.

4. Fertige eine Skizze eurer praktischen Arbeit an. Beschrifte sie. Markiere die Stellen farbig, an denen Energie umgewandelt wird (Größe: DIN A4). Verwende Bleistift und Lineal.
12 Pkt.

5. Wenn du einer anderen Gruppe erklären müsstest, welche Schwierigkeiten ihr beim Bau hattet und welche Lösungen ihr gefunden habt, was würdest du sagen? Beschreibe zwei Lösungen.
6 Pkt.

6. Löte ein Kabel mit seinen zwei Enden auf zwei Reißnägel.
10 Pkt.

7. Durch was hast du persönlich dein Team besonders voran gebracht? Nenne eine Kompetenz und beschreibe sie.
4 Pkt.

Viel Erfolg!!!

Erreichbare Punktzahl: 50, erreichte Punktzahl: ______

Note:

Aufgaben

1. Löse die Aufgaben schriftlich einen einem extra Blatt und stoppe jeweils die benötigte Zeit.
2. Bespreche in einer anderen Gruppe die Lösungen, die deine Gruppe gefunden hat.
3. Tausche dich mit deinen Mitschülerinnen und Mitschülern zu Frage 5 aus.
4. Überlege, ob du die Aufgaben ausreichend schnell beantwortet hast oder ob du noch üben solltest.
5. Erstelle eine eigene Klassenarbeit und beantworte deine Fragen.

|action press - die bildstelle, Hamburg: REX FEATURES LTD. 63.2. |Alamy Stock Photo, Abingdon/Oxfordshire: Kirsch, Gunter / Alamy Stock Photo 63.5. |Arnoldt IT Dienstleistungen GmbH, Eschelbronn: 15.3. |Atelier tigercolor Tom Menzel, Klingberg: 70.2. |Blinde Kuh e.V. / www.blinde-kuh.de, Hamburg: 16.1, 16.2. |bpk-Bildagentur, Berlin: 20.1. |Breuer, Martin, Mainz: 43.3. |Deutsches Museum, München: 10.1. |DLR_School_Lab Lampoldshausen, Hardthausen: 24.1, 24.2, 24.3, 24.4. |Druwe & Polastri, Cremlingen/Weddel: 71.2. |Feldhaus, Hans-Jürgen, Münster: 5.1, 5.2, 5.3, 5.4, 5.5, 5.6, 5.7, 5.8, 5.9, 5.10, 5.11, 5.12, 5.13, 5.14, 5.15, 5.16, 18.1, 21.3, 22.2, 22.3, 35.2, 36.4, 36.5, 40.1, 41.1, 41.2, 41.3, 41.4, 41.5, 41.6, 41.7, 41.8, 55.1, 57.5. |Fluke Deutschland GmbH, Glottertal: 71.3. |Focus Photo- u. Presseagentur GmbH, Hamburg: 66.3. |fotolia.com, New York: Alibamba 6.9; Andreas F. - 63.1; by-studio 6.2; danielschoenen Titel; Fatman73 28.3; fefufoto 6.12, 63.3; fefufoto - 63.6; Goos_Lar 6.13; Hohler, Thomas 6.3; jeecis 23.1; maconga 28.2; Ohrauge 6.8; PeJo 6.7; Reena 6.11; Thaut Images 20.3; UMA 6.1; Webgalerist 6.5. |Future Mindset 2050 GmbH, Gehrden: 64.1, 64.4. |Getty Images, München: Stocktrek Images 21.2. |Gollon, J., Landau: 23.2, 25.1, 25.2, 25.3, 25.4, 25.5, 25.6, 26.1, 26.2, 27.1, 29.1, 30.1, 30.2, 30.3, 31.1, 31.2, 31.3, 31.4, 31.5, 31.6, 31.7, 31.8, 31.9, 31.10, 61.1, 61.2, 61.3. |Google Germany GmbH, Hamburg: 15.1. |Hagenmayer, Gerhard, Deggingen: 21.4. |Haitzinger, Horst, München: 51.2. |Handwerkskammer Frankfurt-Rhein-Main, Frankfurt/M.: 78.1. |Henzler, J., Nürtingen: 65.1, 65.2, 65.3. |iStockphoto.com, Calgary: benz190 6.4. |juniors@wildlife Bildagentur GmbH, Hamburg: 20.4; D.Harms 20.5; Harms, D. 20.6. |Karto-Grafik Heidolph, Dachau: 50.2. |Kastner, Reinhard: 33.1. |Keis, Heike, Rödental: 47.1. |Keystone Pressedienst, Hamburg: Jochen Zick 49.1. |Krone, Dieter Michael, Düsseldorf: 15.2. |Langner & Partner Werbeagentur GmbH, Hemmingen: 45.1, 64.2, 64.3, 65.4, 65.5. |Linder, Philipp Dr., Münster: 66.1. |Lüddecke, Liselotte, Hannover: 70.1. |Lyß, Dr. Guido, Wolfenbüttel: 62.7. |Mall, Karin, Berlin: 13.1. |mauritius images GmbH, Mittenwald: 21.1; Dirscherl, Reinhard 28.1; Kalt 20.2; StockYb Titel; Umstätter, Uwe Titel. |mediacolor's Fotoproduktion, Zürich: 58.3. |Mester, Gerhard, Wiesbaden: 43.2, 43.4. |Microsoft Deutschland GmbH, München: 8.1, 8.2, 9.1, 9.2, 9.3, 9.4, 34.1, 34.2, 34.3, 34.4, 34.5, 34.6, 34.7, 38.1, 39.1, 48.1, 48.2, 53.1, 53.2, 53.3, 53.4, 57.1, 57.2, 57.3, 57.4, 72.1, 72.2. |MPS Sägen GmbH: 6.6. |neonlines, Freiburg i. Br.: Iris Loibl 29.2. |newVISION! GmbH, Pattensen OT Reden: 22.1. |Otto-Lilienthal-Museum, Anklam: CC 4.0 16.3. |PantherMedia GmbH (panthermedia.net), München: / Birgit Reitz-Hofmann 63.4. |Picture Press Bild- und Textagentur GmbH, Hamburg: Jacobi/ Heggemann (Stern) 14.1. |Picture-Alliance GmbH, Frankfurt a.M.: 35.1, 58.5; dpa-infografik 51.1; dpa/Martin Schutt 26.3; Jens Wolf/ZB 43.1. |Rinke, Volkmar, Villingen-Schwenningen: 11.1, 11.2, 11.3, 11.4, 11.5, 11.6. |Roos, Ulrich, Landau: 36.1, 36.2, 36.3, 37.1, 37.2, 37.3, 37.4, 37.5, 37.6, 37.7, 37.8, 52.1, 58.1, 59.1, 59.2, 59.3, 59.4, 62.1, 62.2, 62.3, 62.4, 62.5, 62.6, 62.9, 68.1, 69.1, 69.2, 69.3, 69.4, 69.5, 69.6, 69.7, 69.8, 69.9, 69.10, 69.11, 69.12. |Schwanke + Raasch GbR, Langenhagen: 32.1, 44.1, 44.2, 44.3, 44.4, 71.1, 71.4. |Shutterstock.com, New York: granata1111 6.10. |SKF GmbH, Schweinfurt: 58.4. |teamwork text + foto GbR, Hamburg: 66.2. |Tegen, Hans, Hambühren: 14.3, 32.2, 46.1. |Thinkstock, Sandyford/Dublin: Digital Vision / Michael Blann 60.1. |Tomicek/www.tomicek.de, Werl: 50.1. |Vogt, P., Essingen: 13.2, 14.2, 14.4, 14.5. |Werbefotografie Weiss GmbH, Gersthofen: 58.2. |WIKIMEDIA Foundation, Inc., San Francisco: 17.1, 17.2. |William Prym GmbH & Co. KG, Stolberg: 62.8.